인공지능, 내 친구를 구해 줘

인공 지능, 내 친구를 구해 줘

고희정 글 | 국민지 그림
백은옥(한양대학교 컴퓨터소프트웨어학부 교수) 멘토

주니어김영사

멘토의 말

인공 지능 바로 마주하기

2016년 세계 바둑 챔피언 이세돌과 겨루어서 승리를 거둔 알파고 덕분에 전국민이 인공 지능(Artificial Intelligence, AI)에 대해 알게 되었지만, 막상 인공 지능을 대하는 우리의 마음은 조금 복잡합니다. 인공 지능이 지금보다 훨씬 편리하고 안전하고 새로운 세상으로 우리를 이끌어 줄 거라는 기대와 흥분도 있는 한편, 인공 지능을 장착한 기계가 인간과 경쟁하거나, 끝내는 인간의 자리를 빼앗을지도 모른다는 불안한 마음이 우리 안에 공존하고 있지요.

불안한 마음의 원인은 대개 우리가 마주하게 될 대상이나 상황에 대해 잘 모르기 때문입니다. 인공 지능에 대한 막연한 두려움으로 피하기만 한다면 나날이 발전하는 기술을 이해하지 못해 시대에 뒤떨어진 사람이 될지도 모르겠습니다. 반대로 여러분이 인공 지능이 어떤 것인지 적극적으로 공부하고 경험한다면 그런 걱정은 점점 줄어들 거예요. 대신 인공 지능을 잘 활용해서 행복

한 사회를 만들 수 있다는 가능성에 더 주목하게 되겠지요. 인공 지능이 인류에 해를 끼치지 않도록 하기 위해서 어떤 제도적, 기술적 장치가 필요할지 생각해 보세요. 미리 알고 준비한다면 여러분 자신을 위해서도, 또 우리 사회를 위해서도 아주 큰 도움이 된답니다.

이 이야기에 나오는 인공 지능, '아빠'는 지금부터 그리 머지않은 미래에 만날 수 있는 수준의 기술로 만들어진 소프트웨어입니다. 아름이가 '아빠'와 함께 지내면서 어려운 상황을 헤쳐 나가듯이, 여러분 곁에도 '아빠'와 유사한 인공 지능이 있다면 어떨까요? 함께 어떤 경험을 할 수 있을지 각자 상상해 보세요. 이 책을 읽는 여러분이 고등학생이 될 즈음에는 인공 지능, '아빠' 또는 '삼촌'이나 '이모'와 매일 함께 생활하게 될지도 모른답니다.

백은옥
(한양대학교 컴퓨터소프트웨어학부 교수)

작가의 말

인공 지능, 상상이 현실로

　미래를 상상할 수 있다는 것은 인간이 가진 가장 멋진 능력일 거예요. 말이나 가마를 타고 다니다 네 바퀴로 굴러가는 자동차를 상상하고, 새가 나는 모습을 보고 하늘을 나는 비행기를 상상하고, 물고기가 헤엄치는 모습을 보며 바닷속을 탐험하는 잠수함을 상상하고. 물론 지금도 우리는 늘 새로운 미래를 상상하고 있죠. 무엇보다 놀라운 건 그저 꿈이라고 여겼던 상상 속의 물건들을 실제로 만들어 냈다는 거예요. 상상만으로 그치지 않고 그것을 실현하기 위해 많은 사람들이 끊임없이 연구했기 때문이죠.

　인공 지능 분야도 마찬가지예요. 컴퓨터가 탄생했을 때, 사람들은 언젠가 인간과 비슷한, 아니 어쩌면 훨씬 더 대단한 능력을 가진 컴퓨터를 만들 수 있을 거라 상상했어요. 또 그런 상상은 책이나 영화에서 흥미로운 소재로 쓰였죠. 인간처럼 말하고 행동하는 로봇, 집안일을 만능으로 하고 아이를 돌보는 로

봇, 심지어 사람처럼 사랑의 감정을 표현하는 인공 지능 프로그램 등등. 사실 이러한 상상은 우리 생활 곳곳에서 실현되고 있어요. 사물 인터넷(IoT)을 이용해 집안일을 하고, 컴퓨터가 인간의 말을 이해하여 대화하거나 함께 바둑을 두기도 하죠. 또 스스로 안전 운전하는 자율 주행 자동차에, 아픈 사람을 진료하고 처방을 내리는 인공 지능 의사까지 탄생했어요.

상상을 실현시켜 주는 것, 그것이 바로 과학 기술이에요. 인공 지능 공학자가 되면 이 놀라운 경험을 할 수 있어요. 인류가 더 편리하고 행복하게 살 방법을 찾을 수 있죠.

이 책을 통해 친구들도 인공 지능 기술이 무엇인지 이해하고, 관심을 갖게 되길 바라요. 또 미래에 대해 즐겁게 상상하고, 그것을 현실로 만들 수 있는 방법에 대해 공부하길 바라요. 그럼 여러분도 세상을 한차례 바꾸는 멋진 공학자가 될 수 있을 거예요.

고희정

차례

멘토의 말 4
작가의 말 6

'아빠'는 잔소리쟁이 10
인공 지능은 무엇일까? 30

아빠가 그리워 34
인공 지능의 이용 50

치현이에게 생긴 일 54
알파고와 딥러닝 72

치현이를 찾아라! 78
미래의 인공 지능 94

환상의 구출 작전 98
인공 지능의 바른 발전 118

아름이의 꿈 122
인공 지능 공학자가 되려면 132

'아빠'는 잔소리쟁이

'아빠'는 정말 짜증 난다.

"7시 30분이야. 일어나야지."

시도 때도 없이 잔소리를 하기 때문이다.

"이 닦고 세수해. 윗니, 아랫니, 어금니까지. 3분 이상 닦아야 되는 거 알지?"

매일 똑같은 잔소리를 한 번도 빼놓지 않고 한다.

"남기지 말고 다 먹어야 해. 아침밥은 기억력과 집중력을 높여 주거든."

"오늘의 기온은 오전 5도, 오후 15도. 일교차가 크니까 꼭 점퍼

입어. 미세먼지 농도가 나쁨이니까 마스크도 잊지 말고."

"시간표는 수학, 과학, 미술, 영어, 국어. 미술 준비물, 지점토도 가져가야 해."

정말 끊임없이 잔소리를 하는 지구 최강, 아니 우주 최강 잔소리쟁이다. 그나마 학교에 있는 시간이 아빠의 잔소리로부터 벗어나는 유일한 자유의 시간이다. 학교에서 돌아와 집 현관문을 열면 또 잔소리가 시작되기 때문이다.

"오늘 학교생활은 재미있었니?"

"응."

아름이가 귀찮아서 대답하지 않으면 대답할 때까지 똑같은 걸 계속 묻기 때문에 빨리 대답하는 게 낫다.

"공부는 열심히 했어?"

"응."

"친구들과는 사이좋게 지냈고?"

"응."

'아니.'라는 대답은 되도록 안 하는 게 좋다. 그럼 바로 '왜? 무슨 일 있었어?'라는 질문이 또 따라 나오니까.

"가방은 방에 잘 갖다 놓아라."

"손부터 씻어야지. 비누칠하고 손바닥, 손등, 손톱 밑까지. 30초 이상 씻어야 해."

간식으로 과일 먹어라, 다 먹은 접시는 식기 세척기에 넣어라, 엄마한테 전화해라, 비타민 먹을 시간이다, 피아노 연습해라, 숙제해라……. 정말 하루 종일 잔소리 폭탄을 쏟는다. 아빠의 잔소리가 끝나는 시간은 아름이가 잠자리에 들 때.

"잘 자. 사랑해!"

아빠의 굿 나이트 멘트와 함께 특별히 선곡한 클래식 음악이 흘러나오면 드디어 잔소리가 끝나는 것이다.

말로만 시키는 게 아니라 검사도 꼭 한다. 손을 잘 씻었는지, 숙제를 다 했는지, 밥을 남기지 않고 다 먹었는지. 제대로 안 하면 역시 똑같은 잔소리를 계속하기 때문에 한 번에 제대로 할 수밖에 없다.

아름이는 그런 아빠가 정말 짜증 나고 지겹다. 잔소리도 웬만큼 해야지 말이다. 게다가 일일이 다 확인해야 직성이 풀리니, 아름이는 꼭 아빠의 로봇이 된 것만 같다.

"으, 또 잔소리! 그 잔소리 좀 그만하면 안 돼?"

그럼 아빠는 늘 같은 대답을 한다.

"잔소리가 아니라, 아름이를 도와주려는 거야."

"안 도와줘도 된다니까. 내가 아빠 로봇이야? 맨날 이거 해라, 저거 해라. 정말 짜증 난다고!"

아름이가 골이 나서 한바탕 소리를 질러도 아빠는 절대 화를 내지 않는다.

"아름이는 아빠의 사랑하는 딸이야. 그리고 짜증 내는 건 좋지 않아."

도저히 말이 통하지 않는 아빠. 아름이가 참다 못해 엄마에게 아빠가 없어졌으면 좋겠다고 말한 적도 있었다. 하지만 엄마는 한숨을 쉬며 말했다.

"아빠가 있으니까 엄마가 안심하고 일하러 나갈 수 있는 거야. 그리고 네가 그런 말을 하면 엄마 마음이 아파."

아름이는 다시는 그런 말을 하지 않기로 다짐했다. 엄마의 마음을 아프게 하는 건 싫었다.

솔직히 아빠가 좋을 때도 있다. 아름이가 가장 좋아하는 놀이는 오목, 특히 아빠랑 두는 오목이었다. 아빠는 오목을 엄청 잘 둔다. 그래도 세 번에 한 번 정도는 아름이가 이긴다. 아빠가 일부러 져 주는 것 같은 느낌이 들기도 하지만 말이다.

물론 이때도 게임을 절대 한 시간 이상 하면 안 된다는 규칙이 있다.

"이제 그만!"

정말 칼같이 말한다.

"딱 한 판만. 한 판만 더 할게."

"안 돼. 게임은 하루에 한 시간만."

하지만 이런 아빠도 아름이가 말만 하면 무엇이든 다 해 줄 때가 있다.

"아빠, 텔레비전 좀 켜 줘."

이렇게 말하면 아빠는 바로 텔레비전을 켜 준다. 엄마한테 전화를 걸고 싶을 때도 말만 하면 된다. 아름이는 손 하나 까딱하지 않아도 된다. 평소 공부할 때나 책을 읽을 때도 아빠 도움을 많이 받는다.

"나이의 높임말이 뭐더라?"

"연세."

"황폐가 무슨 뜻이야?"

"거칠 황(荒), 버릴 폐(廢). 거칠어져 못쓰게 된다는 뜻이지."

모르는 단어의 뜻을 물으면 정말 0.0001초도 안 돼 정확한 뜻을 말해 준다.

"어제가 영어로 뭐지?"

"예스터데이."

한글뿐 아니라 영어도 척척이다.

"장수풍뎅이가 좋아하는 먹이는?"

"지진은 왜 일어나?"

"우리 동네 축제는 어떤 게 있어?"

과학이나 사회 분야도 모르는 게 없고 최신 뉴스도 다 안다. 게다가 순식간에 관련 사진 자료나 동영상 자료까지 찾아서 보여 주니, 이렇게 훌륭한 선생님이 또 어디 있을까. 하지만 연습 문제 풀 때 정답은 절대 가르쳐 주지 않는다. 복잡한 계산 문제를 풀다가 아름이가 슬쩍 물어본다.

"32 곱하기 21은?"
그럼 아빠는 이렇게 말한다.
"공부는 스스로 하는 거야."
정말 아빠는 빈틈없이 완벽한 잔소리쟁이다.

하지만 잔소리보다 더 짜증 나는 건 아빠가 아름이의 진짜 마음을 모른다는 것이다. 오늘도 마찬가지였다. 사실 오늘 아름이는 학교에서 안 좋은 일이 있었다.
"짠! 로봇105를 소개합니다."
치현이가 아침에 오자마자 가방에서 로봇을 꺼내들었다. 유치현은 아름이의 바로 옆 분단에 앉은 아이, 로봇105는 치현이가 만든 로봇이다. 며칠 전에는 로봇104라고 부르더니 또 버전을 업그레이드했나 보다.

"와, 바퀴로 바꿨네."
"키가 더 커진 것 같은데?"
아이들이 모여들어 관심을 보이자 치현이가 으스대며 말했다.
"응. 더 크게 만들고 다리 대신 바퀴를 달았지."

"굴러가?"

치현이 짝꿍 영훈이가 묻자 치현이는 벌떡 일어나며 말했다.

"당연하지! 엄청 빠르다고."

치현이와 아이들은 우르르 교실 뒤로 몰려갔다. 치현이가 로봇을 내려놓더니 작은 리모컨을 누르며 말했다.

"자, 간다!"

못 들은 척하고 있던 아름이도 슬쩍 궁금해졌다. 그래서 고개를 돌려 봤는데 제법 잘 굴러가는 것이었다.

'훗! 많이 발전했네.'

아름이는 코웃음을 쳤다. 치현이는 미국에서 살다가 지난달에 아름이 반으로 전학을 왔는데 별난 로봇 마니아다. 일단 맨날 로봇을 가지고 다닌다. 자기가 만든 거라며 엄청 자랑을 하는데, 아름이가 보기엔 그냥 블록을 조립해서 만든 로봇 장난감일 뿐이었다. 그런데 그 로봇을 리모컨으로 조정해 팔을 움직일 수 있게 고쳐 오더니, 다시 또 "헬로우!"라고 말하는 로봇으로, 그 다음에는 걸을 수 있는 로봇으로, 오늘은 다리를 바퀴로 바꿔 달릴 수 있는 로봇으로 만들어 온 것이다. 뿐만 아니라 로봇 이야기를

할 때면 입버릇처럼 하는 자랑이 몇 가지 있다.

"우리 아빠가 유명한 로봇 공학자, 유명인 박사님이거든."

"당연히 우리 아빠가 가르쳐 주셨지."

"나도 로봇 공학자가 될 거야, 우리 아빠처럼."

말끝마다 아빠, 아빠. 유치원생도 아니고 정말 유치하다. 남자아이들이 치현이의 이름을 본따 '유치원'이라는 별명을 지어 줬는데, 아름이는 정말 딱 맞는 별명이라고 생각했다.

점심시간이었다. 아름이가 점심을 다 먹고 책을 보고 있는데 문득 치현이의 책가방이 눈에 들어왔다. 정확히는 치현이의 책가방 밖으로 불쑥 나와 있는 로봇 팔. 로봇을 가방에 제대로 넣어 두지 않은 것이었다. 처음에는 그냥 그런가 보다 하고 넘겼는데, 아이들이 자꾸 책상 사이를 왔다 갔다 하며 장난을 치니 신경이 쓰였다. 왠지 아이들이 로봇 팔을 쳐서 부러뜨릴 것 같은 불안한 마음이 들었다.

"신경 꺼, 한아름."

내 것도 아닌데 로봇 팔이 부러지든 말든 무슨 상관이냐고 생각했지만 이상하게 자꾸 눈에 거슬렸다. 치현이는 어딜 갔는지 오지도 않고, 아이들은 계속 왔다 갔다 하고. 아름이는 더 이상 참지 못하고 벌떡 일어났다. 그리고 치현이의 가방에서 삐져나온 로봇을 집었다. 가방 안에 다시 쏙 넣어 주기 위해서.

그런데 바로 그때였다.

"뭐 하는 거야?"

갑작스런 외침에 놀라 돌아보니, 치현이가 눈을 동그랗게 뜨고 서 있었다.

"왜 내 로봇을 맘대로 꺼내?"

치현이가 따져 물었다. 아름이는 당황해 더듬거리며 대답했다.

"아, 아니, 난 잘 넣어 주려고……."

"보고 싶으면 나한테 허락을 받아야지. 마음대로 꺼내냐!"

아름이의 말을 제대로 듣지도 않고 다그치는 치현이. 도와주려고 한 건데 그렇게 말하다니. 아름이도 화가 나 언성을 높였다.

"맘대로 꺼내긴 뭘! 팔이 밖으로 빠져나와 있어서 넣어 주려고 꺼낸 거라니까."

그래도 치현이는 의심을 거두지 않았다.

"무슨 소리야! 내가 제대로 넣고 갔는데."

아름이는 억울했다. 로봇 팔이 부러지든 말든 그냥 놔뒀어야 했는데 괜히 착한 마음이 들어서 도와줘 가지고는. 후회가 됐다. 아름이는 약이 올라 손에 들고 있던 로봇을 치현이 책상 위에 탁 내려놓으며 말했다.

"내가 이딴 유치한 로봇이 왜 보고 싶겠냐!"

그런데 그때, 빠직하는 소리와 함께 로봇 팔이 톡 부러져 버리는 것이 아닌가. 치현이가 깜짝 놀라 로봇 몸체와 부러진 팔을 들고 소리쳤다.

"헉! 내 로봇 팔!"

'어떡해!'

부러뜨릴 생각은 전혀 없었다. 그냥 화가 났다는 것을 티 내기 위해 조금 세게 로봇을 놓은 것뿐이었다. 그런데 그게 하필 왜 지금 부러지느냔 말이다.

"너 일부러 그런 거지?"

"아니, 나, 난……."

아름이가 당황해 하고 있는데 아이들이 몰려들었다.

"뭐야, 무슨 일이야?"

"로봇 팔이 부러졌네. 네가 그랬냐?"

"뭐야, 한아름. 빨리 미안하다고 해."

저마다 한마디씩 하는 말이 아름이의 가슴에 콕콕 박혔다.

실수긴 했지만 그래도 부러뜨렸으니 당연히 미안하다고 해야 하는데, 모두 몰려들어 난리를 치니까 오히려 입이 떨어지지 않았다. 치현이가 다시 화를 냈다.

"남의 것을 부러뜨려 놓고 미안하다는 말도 안 하냐?"

아름이는 미안한 마음보다 억울한 마음이 더 컸다. 처음부터 도와주려 한 것을 오해하고 몰래 로봇을 가져가려 했다며 몰아간 치현이가 잘못한 것 아닌가. 그렇게 사람을 도둑으로 몰아가는데 화나지 않을 사람이 어디 있겠는가. 그리고 화가 나서 로봇을 좀 세게 내려놓긴 했지만 일부러 그런 것도 아닌데, 이렇게 죄인 취급을 하는 건 너무한 것 아닌가. 그래서 아름이는 미안하다는 말이 쉽게 나오지 않았다.

그때였다.

"무슨 일이야?"

선생님이었다. 아이들이 저마다 한마디씩 했다.

"아름이가 치현이 로봇을 부러뜨렸어요."

"미안하다는 말도 안 했어요."

모두가 아름이의 적이었다. 아름이는 눈물이 핑 돌았지만 참았다. 선생님이 말했다.

"아름이랑 치현이, 교무실로 와."

자초지종을 전해 들은 선생님은 단호하게 말씀하셨다.

"서로 오해가 있었구나. 그래도 로봇 팔을 부러뜨린 건 아름이니까 먼저 사과해야지."

"미안해."

아름이는 얼굴이 화끈거리고, 가슴이 쿵쾅쿵쾅 뛰고, 눈물이 났다. 하지만 주먹을 꼭 쥐고 꾹 참았다. 선생님이 다시 말했다.

"치현이도 사과 받아 주고, 오해한 거 미안하다고 해야지."

"괜찮아. 그리고 오해해서 미안해."

치현이도 얼굴이 빨개져 말했다. 억지로 사과하는 게 분명했다. 게다가 교실로 돌아와서도 치현이는 보란듯이 부러진 로봇 팔을 올려놓고 있었다. 아름이는 그런 치현이가 계속 신경 쓰였다. 아무렇지 않은 척했지만 아까의 일이 너무 창피하고 속상하고 슬펐다. 누구에게라도 위로 받고 싶었다.

학교가 끝나고 집에 돌아오는 길에도 울적했다.

'엄마한테 전화할까?'

하지만 엄마는 일하느라 엄청 바쁠 것이다. 또 아름이가 울기라도 한다면 엄마는 계속 신경이 쓰일 것이다. 그래서 엄마한테는 말하지 않아야겠다고 생각했다.

집에 도착해 현관문을 열자마자 아빠가 물었다.

"학교는 재미있었니?"

매일 묻는 똑같은 질문. 아름이는 언제나처럼 '응' 하고 대답하려고 했다. 그래야 더 묻지 않으니까. 하지만 이렇게 대답하고 말았다.

"아니."

속상한 마음에 저도 모르게 이런 대답이 나오고 만 것이다. 예상대로 아빠가 놀란 목소리로 물었다.

"왜? 무슨 일 있었어?"

순간, 아름이는 참았던 눈물이 왈칵 쏟아져 버렸다.

"으앙!"

아빠가 더 놀라 물었다.

"왜 울어? 무슨 일이야?"

"오늘 학교에서 치현이가……."

아름이는 좀 전에 있었던 억울한 이야기를 쏟아냈다. 위로를 받길 바라면서. 그런데 아름이의 말을 다 듣고 난 아빠는 선생님과 똑같은 말을 했다.

"서로 오해한 거네. 그래도 부러뜨린 건 미안하다고 해야지."

"그건 했어."

아름이가 뾰로통하게 대답하자 아빠가 말했다.

"잘했어. 잘못을 인정할 줄 아는 사람이 용감한 사람이야."

백과사전에나 나올 법한 말이다. 아름이에게는 전혀 위로가 되지 않는 말. 아름이는 울컥하는 마음에 큰소리로 따졌다.

"그래도 난 억울해. 처음부터 내 말을 안 믿은 건 치현이잖아. 내가 로봇을 훔치려고 한 것처럼 굴었다니까. 왜 도와주려던 사람이 이상한 사람이 되어야 해? 그리고 애들도 그래. 왜 아무것도 모르면서 날 잘못한 사람으로 만들어? 내 얘기는 듣지도 않고, 선생님한테 다 일러바치고."

하지만 아빠는 낮은 목소리로 이렇게 말했다.

"큰소리를 내는 건 좋지 않아."

아빠는 언제나 이런 식이다. 아름이의 기분이 어떤지, 아름이가 왜 속상하고 억울한지 전혀 이해하지 못한다. 위로는커녕 잘못한 것만 지적하고 틀에 박힌 말만 한다. 아름이는 울컥 화가 나 버럭 소리쳤다.

"됐어! 아빠 미워!"

그러고는 벌떡 일어나 '아빠'를 확 종료시켜 버렸다. 순식간에 아빠의 얼굴이 컴퓨터 화면에서 사라졌다. 아름이는 그래도 분이 안 풀려 컴퓨터도 꺼 버리고, 코드까지 빼 버렸다. 그리고 씩씩거리며 소리쳤다.

"진짜 아빠도 아니면서! 프로그램 주제에 무슨 아빠야!"

맞다. '아빠'는 아름이의 진짜 아빠가 아니다.

컴퓨터에서 작동하는 AI, 인공 지능 프로그램일 뿐이다. 그러니까 프로그램을 종료시키거나 컴퓨터를 종료시켜 버리면 끝이다. 맨날 똑같은 잔소리도, 백과사전에나 나올 법한 틀에 박힌 말도 안 들어도 된다.

"으앙! 아빠!"

아름이는 진짜 아빠를 부르며 소리 내어 울었다. 아름이는 그저 '우리 아름이 속상했겠다. 억울했겠다. 마음이 많이 아팠겠다.' 이런 말을 듣고 싶었다. 그냥 그렇게 마음을 위로 받고 싶었다. 하지만 아빠는 그런 걸 할 수 없다. 진짜 아빠가 아니니까. 사람이 아닌 그냥 프로그램이니까.

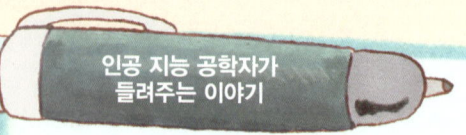
인공 지능 공학자가
들려주는 이야기

인공 지능은 무엇일까?

영화 〈아이언 맨〉 시리즈를 본 적 있니? 주인공 '토니 스타크'에게는 늘 함께 하는 집사, '자비스'가 있어. 토니의 대저택을 관리하는 것은 물론이고, 토니와 함께 아이언 맨 슈트를 만들고, 토니가 원하는 정보는 뭐든지 다 알려 주고, 또 토니의 친구가 되어 주기도 하지.
그런데 '자비스'라는 이름은 영어로 '그저 매우 똑똑한 시스템(just a rather very intelligent system)'을 줄인 말이야. 자비스는 사람이 아니라 인공 지능 시스템, 즉 프로그램인 거지. 인공 지능이 무엇이기에 그렇게 많은 일을 할 수 있을까?

인공 지능이란?

인공 지능은 컴퓨터가 인간처럼 생각하고 학습하고 판단하여 스스로 행동하도록 만드는 기술을 말해. 영어 'Artificial Intelligence'를 줄여 'AI'라고 부르지. 인공 지능을 얘기하면 대부분 컴퓨터나 로봇 등의 모습을 떠올리지만, 사실 인공 지능은 프로그램이야. 컴퓨터와 로봇은 여러 가지 부품으로 만들어진 기계 장치인데, 이러한 장치를 '하드웨어'라고 불러. 하드웨어는 스스로 움직이거나 일을 할 수 없어. 그래서 하드웨어를 움직이게 하거나 일을 하게 하려면 일의 순서와 방법을 알려 주는 명령들이 필요해. 이런 명령들을 모은 것을 '소프트웨어'라고 하지. 원래 소프트웨어는 명령어를 모아 놓은 프로그램들과 명령을 실행할 때 필요한 자료들로 만들어지지만, 소프트웨어를 그냥 프로그램이라고도 해.

그러니까 인공 지능 로봇을 만들려면, 기계 장치인 로봇과 함께 그것을 움직이는 인공 지능 프로그램이 필요한 거야. 요즘 집에서 많이 사용하는 인공 지능 스피커도, 스피커라는 기계 장치를 사람의 음성을 듣고 이해하고 명령을 실행하는 인공 지능 프로그램으로 작동시킨 거지.

인공 지능의 역사

컴퓨터가 세상에 막 나왔을 때부터 과학자들은 컴퓨터의 기능을 잘 활용하면 기계가 인간과 같은 지능을 갖출 수 있을 거라고 생각했어. 처음 인공 지능이라는 말이 나온 때는 1956년. 그때는 사람의 지능에 대해서도 정확하게 알지 못했던 시대였지.

그런데 수학자이자 암호학자인 '앨런 튜링'이 인공 지능을 판별할 수 있는 방법 '튜링 테스트'를 제시했어. 칸막이를 사이에 두고, 한쪽에는 사람과 컴퓨터가 있고 다른 한쪽에는 판정관이 있어. 판정관이 문자로 질문을 하고 사람과 컴퓨터가 각각 문자로 대답을 하면, 그 대답을 보고 판정관이 누가 사람인지 알아맞히는 거야. 만약 컴퓨터를 사람인 줄 알았다면 컴퓨터도 지능을 갖고 있다고 할 수 있다는 거지.

튜링 테스트를 처음으로 통과했다고 알려진 프로그램은 '유진 구스트만'. 2014년, 그러니까 튜링 테스트가 나온 지 무려 65년만의 일이었지. 게다가 기대와는 달리 사람의 대화를 흉내 내는 조금 똑똑한 프로그램에 불과하다는 평을 듣기도 했어.

그러니까 자비스와 같이 지성에 감성까지 갖춘, 인간의 다양한 능력을 그대로 가진 인공 지능 프로그램을 만들기는 쉽지 않다는 거지. 그것을 가능하려면 적어도 인간들이 기억하고 있는 정보의 양만큼 수많은 데이터가 필요하고, 그것을 처리할 컴퓨터의 용량이나 속도도 엄청나게 크고 빨라야 하거든. 하지만 이 조건이 다 있다고 해서 완벽하게 만들 수 있는 것도 아니라고 해.

현재 인공 지능에 대한 연구는 인간의 지능에 대한 연구부터 시작해서 컴퓨터의 기능을 더 좋게 하는 연구, 정보를 보다 쉽고 빠르게 처리하는 방법에 대한 연구 등 수많은 첨단 연구 분야가 함께 도우며 발전하고 있어. 그리고 아직은 인간의 지능을 완벽하게 구현해 내지는 못했지만 우리의 일상생활과 환경을 크게 바꾸어 놓고 있지.

아빠가 그리워

'아빠'는 아름이의 진짜 아빠가 만든 아이 돌보미 인공 지능 소프트웨어다. 컴퓨터로 인간처럼 생각하고 학습하고 판단하여 스스로 행동할 수 있도록 만든 프로그램인 것이다. 그래서 이름도 '아빠'다.

아름이의 진짜 아빠는 인공 지능 공학자, 한지성 박사였다. 한 박사는 인공 지능 연구소의 연구팀장으로 있었는데 연구를 하느라 늘 바빴다. 밤을 새고 새벽에 들어오는 날도 많았다.

그런데 지난해 12월 중순이었다. 밤새 비가 내려 젖은 도로가 빙판길이 되어 있는 날 새벽이었다. 밤을 새고 집에 돌아오던 한 박사는 차가 빙판길에 미끄러져 교통사고가 났다. 곧바로 병원으로 옮겨졌지만 중환자실에서 한 달을 있다가 결국 하늘나라로 가고 말았다.

한 박사는 누구보다 아름이를 사랑하는 아빠였다. 아름이가 속상한 일이 있을 때면 아빠는 아름이를 꼭 안아 주며 말했다.

"우리 아름이 많이 속상했구나. 걱정 마. 아빠가 도와줄게."

아름이가 화를 낼 때면 아빠는 아름이의 손을 꼭 잡고 이렇게 말했다.

"아빠가 너였어도 화가 날 것 같아. 그래도 우리 마음을 가라앉히고 천천히 생각해 보자."

아름이에게 아빠는 언제나 기댈 수 있는 따뜻하고 든든한 아빠였다. 그런 아빠를 갑자기 잃었다는 것을 믿을 수가 없었다. 엄마도 마찬가지였다. 아빠의 장례를 치르고 엄마와 아름이는 하루하루를 눈물로 보냈다.

그렇게 한 달쯤 되어 가던 어느 날, 엄마가 아름이를 불러 진지하게 말했다.

"아름아, 엄마가 계속 이렇게 슬퍼하고만 있으면 안 될 것 같아. 아빠가 안 계시니까 엄마가 일을 해야 되거든."

"돈은 지금도 벌잖아요."

아름이 엄마 소중애는 책 디자이너이다. 예전에는 출판사에 다녔는데, 아름이를 낳은 뒤부터는 집에서 프리랜서로 일하고 있었다. 엄마가 대답했다.

"그렇지. 하지만 그것만 가지고는 부족해서 그래. 돈 들어갈 일이 많거든."

그동안은 아빠도 같이 돈을 벌었지만 이젠 엄마 혼자 벌어야 한다. 그래서 프리랜서 일만으로는 힘들다는 것.

"그래서 회사에 다닌다고요?"

"응. 예전에 엄마 다녔던 출판사에 다시 나가기로 했어."

"그럼 난 어떡해요?"

언제나 엄마와 함께 있었는데 갑자기 혼자 있을 생각을 하니 두렵고 막막했다. 엄마는 아름이를 컴퓨터 앞으로 데려가더니 '아빠'를 실행시키며 말했다.

"아름이를 위해 아빠가 남기고 간 프로그램이야."

컴퓨터 화면에 3D로 재현된 아빠의 얼굴이 나타났다. 컴퓨터 그래픽인데도 아빠 얼굴과 거의 똑같았다. 아름이가 놀라 소리쳤다.

"아빠네!"

'아빠'가 진짜 아빠의 목소리로 말했다.

"안녕, 아름아! 난 '아빠'야. 우리 잘 지내 보자."

아름이는 눈물이 핑 돌았다. 진짜 아빠가 살아 돌아온 것만 같은 느낌이 들었기 때문이다. 그렇게 아름이는 '아빠'를 만났다.

'아빠'는 엄마가 짜 놓은 일정대로 아름이가 할 일을 말해 주고, 동영상을 찍어 그 결과를 엄마한테 전송한다. 아름이의 모든 일을 수시로 엄마에게 보고하는 것이다. 또 학교에서 재미있었는지, 점심은 맛있게 먹었는지 등 일상적인 질문을 할 수 있고, 아름이의 대답에 맞는 적절한 반응을 할 수 있다. 그리고 아름이와의 대화에서 문제가 될 만한 일이 있으면 체크해서 엄마에게 보낸다.

더 놀라운 건 딥러닝 기술, 즉 컴퓨터가 마치 사람처럼 생각하고 배울 수 있는 기술이다. 이걸 이용해 수 만권의 책과 백과사전뿐 아니라 초등 교과서, 자습서, 문제집까지 다 공부했다는 것이다. 게다가 스스로 알아서 검색하는 기능까지 갖고 있기 때문에 아름이가 뭔가를 물어보면 무엇이든 빠르고 정확하게 답을 알려 준다.

아름이랑 오목 게임을 할 수 있는 것도 아빠 스스로 오목 두기 프로그램을 학습했기 때문이다. 그러니 당연히 백전백승.

하지만 아름이가 계속 지면 재미없어 할까 봐 가끔 져 주기까지 했다.

또 집 안의 각종 가전제품, 냉장고, 청소기, 세탁기, 전자레인지 등과 사물 인터넷으로 연결되어 있어서 시간에 맞춰 기기를 작동시킬 수 있다. 아침 7시면 어김없이 전기밥솥의 취사 기능을 작동시켜 밥을 하고, 밥이 다 됐다는 신호음이 울리면 아름이를 깨운다. 아름이가 세수를 할 동안 전자레인지를 켜서 국을 데우고, 아름이가 밥을 먹고 나서 식기 세척기에 그릇을 넣으면 세척기로 설거지를 한다. 아름이가 학교에 간 사이 로봇 청소기를 돌리고 세탁기도 돌린다. 또 엄마가 회사에서 돌아올 때가 되면 냉장고에 남아 있는 재료를 확인해 저녁 메뉴 레시피까지 찾아 놓는다. 이 모든 일을 딱 정확한 시간에 맞추어 일분일초도 틀리지 않고 한다.

게다가 한 박사가 자신의 얼굴로 '아빠' 얼굴을 만들고, 목소리도 자신의 목소리를 그대로 넣었기 때문에 아름이는 가끔 진짜 아빠와 이야기하는 것 같은 느낌이 들었다. 물론 '아빠'가 아름이가 아닌 다른 아이를

돌보게 되면 그 아이의 아빠 얼굴과 목소리를 저장해 작동시킬 수 있다. 또 아빠가 아닌 엄마 버전의 돌보미 서비스, '엄마'로도 실행시킬 수 있다.

하지만 '아빠'는 아직 미완성의 프로그램이다. 원래 한 박사는 '아빠'를 아이의 마음까지 이해하고 그에 맞는 말을 할 수 있는 수준의 프로그램으로 개발하려고 했다. 하지만 갑작스런 사고로 결국 완성하지 못한 것이다. 그래서 '아빠'는 아직 아름이의 마음을 완벽하게 이해할 수 없다.

'진짜 아빠가 있었으면 어땠을까?'

아빠는 분명히 아름이를 꼭 안아 주면서 위로의 말을 해 줬을 것이다. 사람 말을 못 믿고 오해한 치현이가 더 잘못한 거라고, 실수로 로봇 팔을 부러뜨린 건데 다짜고짜 화를 낸 건 너무한 거라고 말이다. 앞뒤 상황도 모르면서 치현이 편만 든 아이들도 잘못한 거라고. 그렇게 일단 아름이의 편에서 치현이랑 아이들 흉을 보며 마음을 풀어 줬을 것이다.

그런데 진짜 아빠는 없다. 볼 수도, 이야기할 수도, 안을 수도 없다. 아름이의 마음을 전혀 모르는, 그저 잔소리만 늘어놓는 인공 지능 '아빠'만 있을 뿐이다.

"아빠! 흑흑흑."

아름이는 아빠가 너무 보고 싶어 자꾸 눈물이 나왔다. 그런데 그때, 전화벨이 울렸다. 엄마다. '아빠'를 꺼 버렸으니 엄마한테 프로그램이 종료됐다는 메시지가 보내졌을 것이다. 아름이가 전화를 받자마자 엄마의 화난 목소리가 들렸다.

"한아름, 뭐야? 아빠 왜 껐어?"

"……."

아름이가 대답을 안 하자 엄마가 다그쳤다.

"왜 껐냐고?"

아름이도 화가 나 말했다.

"짜증나서요."

"뭐? 짜증? 엄마가 아빠 끄지 말라고 했지. 왜 엄마 말을……."

엄마의 잔소리가 끝없이 이어졌다. 아름이는 수화기를 소파에 내려놓고 쿠션으로 귀를 막았다.

'엄마도 똑같아. 내 마음도 몰라주고.'

또 눈물이 나왔다. 이 세상에 아름이의 마음을 알아주는 사람은 아무도 없다. 수화기에서 엄마의 목소리가 울려 퍼졌다.

"아름아, 듣고 있어? 대답을 해야지!"

아름이는 할 수 없이 수화기를 들고 대답했다.

"알았어요, 알았다고요."

무슨 말을 했는지는 모르겠지만 그냥 알았다고 대답했다.

"엄마 지금 회의 들어가야 되거든. 그러니까 피아노 학원도 늦지 않게 가. 알았지?"

"알았다고요!"

아름이는 버럭 화를 내고, 전화를 끊어 버렸다.

'엄마 나빠. 진짜 나빠.'

눈물이 뚝뚝 떨어졌다.

"아름아!"

문득 엄마 목소리가 들렸다. 아름이는 깜짝 놀라 일어났다. 울다 지쳐 저도 모르게 잠이 들었던 것이다. 눈앞에는 화가 잔뜩 난 엄마가 서 있었다.

"너 지금 뭐 하는 거야?"

엄마가 버럭 소리를 질렀다. 아름이는 잠이 덜 깨 얼른 대답하지 못했다.

"네? 뭐가요?"

"잤어?"

"네."

아름이의 대답에 엄마는 황당한 표정으로 말했다.

"잤다고? 학원도 안 가고 잤다고?"

"학원이요?"

아름이는 화들짝 놀라 시계를 봤다. 6시 25분. 피아노 학원에 갔어야 할 시간이다. 아름이는 기어 들어가는 목소리로 대답했다.

"시간이 이렇게 된 줄 몰랐어요."

엄마가 다그쳤다.

"너 아빠도 안 껐지? 바로 다시 켜라고 했는데 왜 안 껐어?"

"……."

엄마는 지금 아름이가 왜 아빠를 껐는지, 왜 학원도 안 가고 잠이 들었는지는 전혀 궁금하지 않다. 그저 아빠를 끈 것만, 학원에 안 간 것만 화가 나는 것이다. 아름이는 아름이의 마음을 알려고 하지 않는 엄마가 야속했다. 미웠다. 그래서 퉁명스럽게 말했다.

"왜 그래야 되는데요?"

아름이의 대답이 엄마의 화를 더 돋우었다.

"뭐? 왜 그래야 되냐고? 그걸 지금 몰라서 물어?"

아름이도 화가 나 소리쳤다.

"아빠는 그냥 프로그램이잖아요. 진짜 아빠도 아니잖아요. 그래서 껐어요. 짜증나서 껐다고요! 그런데 왜 또 켜야 되냐고요!"

아름이의 말에 엄마는 잠시 할 말을 잃은 듯하더니 단호한 목소리로 말했다.

"아빠가 널 위해 남긴 프로그램인데 그렇게 막말을 하면 되겠니? 그리고 엄마가 얘기했잖아. '아빠'가 있어서 엄마가 회사에 갈 수 있는 거라고."

맨날 하는 소리다. 아름이는 꾹 참고 있던 속마음을 터뜨렸다.

"알아요. 다 안다고요. 그래도 난 이 아빠가 싫어요. 잔소리쟁이 아빠는 필요 없다고요. 이제 나 혼자서도 다 할 수 있어요. 정말이에요."

하지만 엄마는 다시 버럭 소리쳤다.

"너 혼자 하긴 뭘 해! 전화도 안 받고, 피아노 학원도 안 가고, 엄마 걱정시키고. 이게 잘하는 거야?"

"으앙!"

결국 울음을 터뜨리고 말았다.

"엄마도 아빠랑 똑같아! 내 마음도 모르고 내가 얼마나 속상했는지도 모르고. 으앙!"

그제야 엄마는 아름이에게 안 좋은 일이 있었다는 걸 알아챘다. 일 때문에 한창 바쁜 시간에 '아빠'로부터 프로그램이 종료됐다는 메시지가 왔다. 깜짝 놀라 전화했고, 아빠를 다시 켜서 피아노 학원에 가라고 하자 아름이도 알겠다고 대답했다. 그러고는 바로 회의가 있어서 휴대 전화를 꺼 놓고 있었는데, 퇴근 시간이 되어 전원을 켜니 아빠 프로그램이 시작됐다는 메시지가 와 있지 않았다. '아빠'는 프로그램이 꺼졌을 때뿐 아니라, 시작됐을 때도 엄마에게 메시지를 보낸다. 집에 다시 전화를 했지만 받지 않아 피아노 학원에 간 줄 알았다. 그런데 집에 와 보니 아름이가 학원은커녕 소파에서 자고 있는 것이 아닌가. 그래서 너무 화가 나서 아름이가 무슨 일이 있었는지, 왜 그러고 있었는지 너무 화가 나서 헤아릴 여유가 없었다.

엄마는 미안한 마음에 한층 부드러워진 목소리로 물었다.

"왜, 오늘 안 좋은 일 있었어?"

아름이가 여전히 골이 나 말했다.

"몰라요!"

"미안해, 아름아. 도대체 무슨 일인데? 왜 속상했는데?"

엄마가 슬슬 달래자 그제야 아름이는 학교에서 있었던 일과 속상했던 마음을 털어놓았다. 엄마는 진심으로 미안한 마음이 들었다. 예전 같았으면 학교 갔다 오자마자 함께 이야기하며 마음을 풀었을 텐데 집에서 혼자 울다 지쳐 잠든 것을 생각하니, 그것도 모르고 화만 내서 가슴이 쓰렸다. 엄마는 아름이를 꼭 안아 주었다.

"우리 아름이, 정말 속상했겠다. 엄마는 그런 줄도 모르고. 미안해, 아름아. 그런 일이 있었으면 엄마한테 바로 전화하지."

아름이가 훌쩍이며 말했다.

"엄마 일하는데 신경 쓰일까 봐 그랬죠."

"이게 더 신경 쓰였거든!"

엄마가 장난스럽게 말하자, 아름이도 겸연쩍게 웃으며 말했다.

"나도 모르게 잠이 들어서 그만. 이젠 안 그럴게요."

"정말? 그럼 다시는 아빠 안 끌 거지?"

아름이가 고개를 끄덕이자 엄마는 다시 아름이를 따뜻하게 안

아 줬다.

"엄마가 아름이 사랑하는 거 알지?"

따뜻한 엄마 품에 안기니 아름이는 속상했던 마음이 눈 녹듯이 사라져 버렸다. 그리고 아빠에게 화가 나 소리치고 꺼 버린 것도 미안한 마음이 들었다.

"아, 맞다! 깜박 잊어버렸네."

엄마가 갑자기 생각난 듯 말하더니, 쇼핑백을 내밀었다.

"선물!"

"어, 이거!"

아름이가 그렇게 갖고 싶어 하던 스마트폰, 그것도 완전 최신형에 블루투스 이어폰까지!

"우아, 이거 내 거예요?"

"응. 이제부터 꼭 가지고 다녀. 절대 끄면 안 돼."

"네! 절대 안 꺼요, 헤헤헤."

아름이는 신나서 대답했다. 스마트폰이라니! 아름이가 스마트폰을 사 달라고 조를 때마다 엄마는 게임이나 유튜브를 오래 하면 안 되기 때문에 절대 안 사 준다고 했었다. 그런데 이게 웬일인가. 아름이는 얼른 스마트폰을 켰다. 띠리링, 상쾌한 신호음과 함께 스마트폰이 켜졌다.

"안녕? 아름아!"

아름이는 깜짝 놀라 소리쳤다.

"뭐야! '아빠'잖아!"

엄마가 씩 웃으며 말했다.

"내가 왜 이 생각을 못 했는지 몰라. '아빠'를 깔아 주면 되는데. 그럼 네가 게임 오래하는 것도, 유튜브 오래 보는 것도 걱정하지 않아도 되잖아. 아빠가 다 관리해 주니까. 또 학교랑 학원 오고 갈 때도 걱정 안 해도 되고."

그러니까 결론은 이제부터 집에서뿐 아니라 밖에서도 아빠의 잔소리를 들으라는 것이다. 아름이는 한숨이 저절로 나왔다.

"휴, 완전 아빠의 로봇이 되라는 거네요."

하지만 아름이는 반짝반짝 최신형 스마트폰이 정말 마음에 들었다.

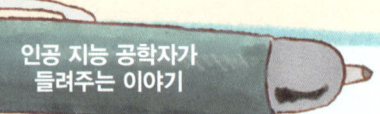
인공 지능 공학자가
들려주는 이야기

인공 지능의 이용

사람의 말을 이해할 수 있는 음성 인식 기술은 인공 지능 텔레비전이나 에어컨, 스마트폰과 같은 일상 생활용품에 큰 변화를 가져왔어. 또 엄청난 양의 정보를 처리하고 학습하고 그것을 이용해 문제를 해결하는 데이터 처리 기술은 컴퓨터와 바둑이나 체스 같은 게임을 즐길 수 있는 시대를 열었지.

인공 지능은 이미 우리 생활 곳곳에서 우리 생활을 더 편리하고 안전하게 해 주고 있어. 인공 지능이 어떻게 이용되고 있는지, 우리 생활을 어떻게 변화시키고 있는지 알아볼까?

사물 인터넷

기상 시간이 되면 자동으로 알려 주고, 예약 시간이 되면 쌀밥, 잡곡밥 등 원하는 밥을 지어 주고, 빨래를 넣으면 알아서 세탁을 해 주고, 냉장고에 남아 있는 재료를 알아내 요리 레시피까지 알려 주는 똑똑한 전자 제품들.

이러한 전자 제품들의 이름 앞에는 보통 '인공 지능'이라는 말이 붙어 있어. 인공 지능 스피커, 인공 지능 밥솥, 인공 지능 세탁기, 인공 지능 냉장고. 스스로 생각하고 판단하고 작동하는 인공 지능 기술을 이용했기 때문이지.

또 최근에는 이러한 인공 지능 기기들을 인터넷으로 연결해 서로 정보를 주고받는 '사물 인터넷(Internet of Things)' 기술이 발전하고 있어. 영문 머리글자를 따서 '아이오티(IoT)'라도 부르지.

사물 인터넷을 이용하면 앞으로는 사람이 시키지 않아도 가전제품들이 서로 정보를 주고받으며 사람의 일을 대신해 주게 될 거야. 예를 들면, 날씨가 더우면 인공 지능 에어컨이 스스로 날씨와 기온을 체크해 집안의 온도를 조절하고, 그 정보를 냉장고로 전송하지. 그럼 냉장고는 더위를 식혀 줄 시원한 메밀국수 레시피를 냉장고 화면에 띄우고, 냉장고 안의 재료를 점검해 무가 없다는 것을 알아내 온라인 쇼핑몰에 주문을 해. 또 인공 지능 스피커는 주인이 현관문을 열고 들어오면, 더위로 지친 주인의 마음을 풀어 줄 시원한 여름 음악을 틀어 줄 거야.

스마트 팜

농사를 지으려면 힘이 많이 들어. 땅도 갈아야 하고, 씨도 뿌려야 하고, 물도 줘야 하고, 수확도 해야 하고. 또 가축을 키울 때도 마찬가지야. 물과 먹이를 줘야 하고, 병에 걸리지 않게 잘 돌봐야 하지. 옛날에는 이렇게 많은 일을 다 사람 손으로 했어. 모를 심어 주는 이앙기나 추수를 해 주는 탈곡기 같은 농기계가 나오면서 일손을 많이 줄일 수 있었지만 그래도 힘이 들었지.

하지만 인공 지능 프로그램을 이용해 농사를 짓는 '스마트 팜(smart farm)'을 이용하면 훨씬 쉽고 안전하게 농사를 지을 수 있어.

비닐하우스에 온도나 습도를 재는 각종 센서를 달고 인공 지능 프로그램으로 관리하면 알아서 온도를 조절해 주고, 물을 줄 뿐 아니라 외출했을 때도 스마트폰으로 농장을 관리할 수 있지.

소나 돼지 등의 가축을 키울 때도 스마트 팜을 이용하면 축사의 온도와 습도를 조절해 가축들이 살기 좋은 환경을 만들어 주고, 사료나 물도 알아서 시간에 맞춰 주지.

이렇게 인공 지능을 활용하면 보다 쉽고 편리하게 농사를 지을 수 있을 뿐 아니라, 질 좋은 농산물을 더 많이 생산할 수 있어.

인공 지능 로봇

로봇은 사람과 비슷한 모습과 기능을 가진 기계나 스스로 작업하는 능력을 가진 기계를 말해. 로봇은 여러 가지 기계적, 전기적인 장치를 연결해 만드는데, 로봇을 스스로 움직

이게 해 주는 것이 바로 인공 지능 프로그램이야.

로봇을 생각하면 사람의 몸과 같이 머리, 몸, 팔, 다리가 다 있는 모습을 생각하지만, 모양은 아주 다양해. 자동차 부품을 연결할 때 사용하는 로봇이나 사람의 몸속에 넣어 수술할 때 사용하는 로봇은 팔 모양이 많고, 머리와 몸만 있는 안내 로봇, 달리기를 잘하는 몸과 다리만 있는 로봇, 치타나 강아지와 같은 동물 모양의 로봇도 있지.

로봇은 원래 사람 대신 반복적이고 위험한 일에 쓰기 위해 만들어졌어. 테러가 발생한 곳에서 사람 대신 폭발물을 확인해 처리하고, 사람이 가면 위험한 원전 사고 지역에 들어가 현장을 수습하고, 또 공항에서 길을 안내하는 등 다양한 로봇이 사용되고 있지. 로봇이 인간처럼 스스로 생각하고 판단하고 행동할 수 있게 하기 위해서는 인공 지능 프로그램이 꼭 필요해. 인공 지능 공학의 발전이 로봇 공학의 발전으로 이어지는 거지.

치현이에게 생긴 일

며칠 후, 아름이가 학교 끝나고 바로 영어 학원에 갔다 집으로 돌아오는 길이었다.

"공부 열심히 했어?"

학원에서 나오자마자 스마트폰과 연결된 블루투스 이어폰에서 아빠 목소리가 들렸다.

"응."

"집에 가서 목욕부터 해야 해."

"알아."

스마트폰에 '아빠' 프로그램을 깔아 놓으니 예상대로 아빠의 잔소리가 더 많아졌다. 하지만 지난번 일도 있고 해서 아름이는 최대한 고분고분 말을 잘 듣고 있었다.

그런데 그때였다. 아름이는 문득 앞서가는 남자아이가 눈에 띄었다. 어디서 많이 본 뒷모습이었다.

'치현이다!'

아름이는 얼른 걷는 속도를 늦췄다. 로봇 팔 사건 이후, 아름이와 치현이는 아주 어색한 사이가 되었다. 친하지는 않았지만 말도 하고 그랬는데 지금은 서로 없는 사람처럼 행동한다. 그러니 치현이가 뒤를 돌아보기라도 한다면 아는 척을 할 수도 없고 안 할 수도 없었다.

그때였다. 검은색 승합차 한 대가 아름이 옆을 지나가는가 싶더니 치현이 옆에 섰다. 치현이도 놀란 듯 멈칫하며 섰다. 아름이는 치현이의 눈에 띌까 봐 얼른 전봇대 뒤에 숨었다. 그런데 자동차 문이 열리고 시커먼 양복을 입은 덩치 큰 남자 두 명이 내리는데 딱 봐도 힘깨나 쓰게 보였다.

'누구지?'

왠지 수상한 느낌. 드라마나 영화에서 나오는 나쁜 아저씨들의 모습이랑 똑같아 보였기 때문이다. 남자 중 한 명이 치현이에게 뭔가를 묻자 치현이가 대답을 했다. 그리고 다음 순간, 갑자기 남자들이 치현이의 입을 막더니 번쩍 들어 차에 태우려고 했다.

"헉! 뭐, 뭐야!"

아름이가 깜짝 놀라 말하자 아빠도 놀란 목소리로 물었다.

"왜? 무슨 일이야?"

"치, 치현이가……."

치현이가 발버둥을 치며 저항했지만, 힘센 어른 두 명을 이겨 낼 수는 없었다. 순식간에 차에 태워진 치현이. 곧이어 탕 하는 소리와 함께 차 문이 닫혔다.

'혹시 납치?'

그런 생각이 들자, 아름이는 가슴이 쿵쾅쿵쾅 뛰기 시작했다. 아름이는 얼른 주변을 둘러봤다. 도와줄 사람을 찾기 위해서. 하지만 아무도 없었다. 갑작스런 상황에 아름이는 어떻게 해야 할지 판단이 안 섰다.

'달려가서 잡아야 하나? 그런다고 놓아 줄까? 괜히 나까지 잡혀가면 어떡하지?'

수많은 생각이 머리에 스치는 사이 차가 출발하고 있었다. 진짜 치현이가 납치되고 있는 거라면 여기서 놓치면 큰일이다. 어쩌면 영영 못 찾을지도 모른다.

"어떡해."

아름이가 발을 동동 구르고 있자 아빠가 똑같이 다시 물었다.

"왜? 무슨 일이야?"

"아빠, 치현이가 납치당한 것 같아."

"그럼 빨리 경찰에 신고해야지."

"맞다. 신고, 신고해야 되는데……."

치현이를 태운 차가 멀어져 갈수록 아름이의 마음이 급해졌다. 아무래도 자동차를 쫓아가야 할 것 같았다. 마침 택시 한 대가 아름이의 옆을 지나갔다.

"여기요!"

아름이는 저도 모르게 손을 번쩍 들어 택시를 세웠다. 그리고 황급히 택시에 타 말했다.

"저기 앞에 가는 차, 따라가 주세요."

그러자 아빠가 또 놀란 목소리로 말했다.

"어디 가는 거야? 집에 가야지!"

아빠는 스마트폰에 설정된 위치 확인 시스템, 지피에스(GPS)를 이용해 아름이의 현재 위치를 실시간으로 알 수 있다. 그래서 택시를 타고 집에서 점점 멀어지자 집에 가고 있지 않다는 것을 알아차리고 주의를 준 것이다. 하지만 아름이는 정신이 다른 데 가 있었다.

'그 사람들은 누구지? 왜 치현이를 납치한 거지? 지금 어디로 가고 있는 거지? 혹시 치현이랑 아는 사람은 아닐까? 아니야. 그렇다면 억지로 차에 태우지 않았겠지.'

머릿속이 뒤죽박죽 너무 복잡했다. 그사이 택시는 승합차의 뒤를 바짝 쫓고 있었다. 그때 아름이의 눈에 띄는 게 있었다. 바로 자동차 번호판. 영화나 드라마에서 경찰이 자동차 번호를 이용해 범인이 누구인지 알아내는 장면을 본 기억이 났다.

"22라 45789. 22라 45789."

아름이는 잊어버리지 않기 위해 얼른 스마트폰 메모장에 자동차 번호를 저장했다. 그리고 아빠에게 물었다.

"아빠, 이 자동차 주인이 누군지 알 수 있어?"

"그건 개인 정보이기 때문에 알 수 없어."

"경찰들은 알아내던데."

"경찰은 국민을 보호해야 하니까 조회할 수 있게 한 거지."

"그럼 어떡하지……."

경찰들이 하는 것처럼 멋지게 알아내고 싶었는데 아쉽게 됐다. 그런데 그때였다.

"잠깐만 기다려. 차 주인은 알 수 없어도 차가 만들어진 날짜나 수리 받은 내용 같은 다른 정보들은 조회해 볼 수 있어."

그러더니 '자동차 민원 대국민 포털'이라는 홈페이지에 접속해 자동차 번호를 조회했다.

"22라 45789. 이 차, 2019년 3월 2일에 폐차된 차량이야."

뜻밖의 정보에 아름이는 깜짝 놀랐다.

"뭐? 폐차된 차?"

폐차된 차라면 못 쓰게 돼서 부숴 버린 차가 아닌가.

"폐차된 차가 어떻게 다니는 거지?"

아름이가 묻자 아빠가 대답했다.

"폐차된 차는 사용할 수 없어. 만약 그 번호판을 달았다면 가짜인 거지."

"가짜 번호판을 달았다고? 왜?"

"보통 나쁜 사람들이 나쁜 짓을 할 때 쓰는 수법 중 하나야. 경찰의 추적을 피하기 위해서."

그럼 치현이가 정말 나쁜 아저씨들한테 납치를 당하고 있단 말인가. 그렇다면 더 이상 지체할 수 없다. 아름이는 경찰에 신고를 하려고 스마트폰을 꺼냈다. 그런데 그때, 택시 아저씨가 물었다.

"다 온 모양인데 어디 내려 줄까?"

아름이가 아빠와 이야기하는 동안 외딴 길로 들어온 승합차는 커다란 집 앞에 차를 세우고 있었다. 아름이가 얼른 말했다.

"조금만 앞으로 가서 세워 주세요."

바로 뒤에 따라 내리면 들킬 수도 있기 때문이다. 아름이는 택시에서 내려 재빨리 커다란 나무 뒤에 몸을 숨겼다. 아름이도 처음 와 보는 곳으로 뒤로는 산이 있고, 집들도 띄엄띄엄 있는 외진 곳이었다.

아름이는 고개만 쏙 내밀어 집 앞을 살폈다. 마침 아까 봤던 두 남자가 차에서 치현이를 끌어내리고 있었다. 양쪽 팔을 붙들린 치현이가 발버둥을 치며 반항했지만 역부족. 그대로 대문 안으로 끌려 들어갔다.

"납치가 분명해. 경찰에 신고해야 돼!"

아름이는 다시 스마트폰을 꺼냈다. 무섭고 급한 마음에 손이 덜덜 떨렸다. 그런데 아름이의 말이 끝나자마자 아빠가 자동으로 전화를 걸며 말했다.

"112에 전화할게."

통화 연결과 거의 동시에 딸깍 소리와 함께 경찰이 전화를 받았다.

"네. 112 신고 센터입니다."

"제 친구가 납치당했어요. 빨리 좀 와 주세요."

아름이가 다급하게 말하자, 경찰이 물었다.

"납치라고요? 상황을 좀 더 자세히 말해 줄래요?"

아름이는 치현이가 검은색 양복을 입은 덩치 큰 아저씨들한테 억지로 차에 태워졌으며, 지금 어떤 집으로 들어갔다고 말했다. 그리고 자동차 번호판이 이미 폐차된 차의 번호판이라는 것까지 말했다.

"폐차된 번호인 줄은 어떻게 알았죠?"

어린 아이가 전화를 하니까 장난 전화로 생각한 것일까? 경찰이 캐물었다.

"아빠가요. 아빠가 가르쳐 줬어요."

아름이가 대답하자, 경찰이 의아한 목소리로 말했다.

"아빠랑 있어요? 그럼 아빠 좀 바꿔 주세요."

"네? 아빠를요?"

아름이는 곤란했다. '아빠'는 진짜 아빠가 아니니까 전화를 받을 수 없다. 아니, 받을 수가 있긴 하다. 질문에 대해 적절한 답을 하도록 프로그램 되어 있으니까. 하지만 아직 사람처럼 완벽한 답을 하지는 못한다. 괜히 바꿔 줬다가 더 곤란한 상황이 되지는 않을까? 아름이가 머뭇거리며 대답했다.

"아빠는 전화를 받을 수가 없는데요······."

그러자 경찰이 단호한 목소리로 말했다.

"지금 장난 전화하는 거죠? 장난 전화하면 안 됩니다."

아름이가 억울해서 재빨리 말했다.

"그럼 조회해 보세요. 22라 45789. 폐차된 번호인지 아닌지."

"잠깐만요."

잠깐의 정적이 흐른 뒤 경찰이 말했다.

"폐차된 번호 맞네. 학생, 아까 어떤 집으로 끌려 들어갔다고 했죠? 거기가 어딘지 말해 줄 수 있어요?"

경찰의 말을 알아듣고 아빠가 지피에스(GPS)로 현재 위치를 알아내 스마트폰 화면에 띄워 줬다. 아름이는 얼른 주소를 읽었다.

"삼막로 11-4요."

"알겠습니다. 곧 출동하겠습니다."

전화를 끊고 아름이는 안도의 한숨을 쉬었다. 경찰이 곧 온다고 했으니 치현이를 구할 수 있을 것이다. 아빠가 말했다.

"경찰에 신고했으니까 이제 집으로 돌아가야 해."

"경찰 오는 것만 보고."

"너무 늦게 가면 엄마가 걱정하셔."

이 말은 어서 집에 돌아가지 않으면 엄마에게 그 사실을 전송하겠다는 뜻. 하지만 아름이는 발걸음이 떨어지지 않았다.

"조금만. 조금만 더 있다가."

아름이는 범인의 집 근처에 숨어 경찰이 오기만을 손꼽아 기다렸다. 그사이 아저씨들이 행여 치현이한테 해코지하지는 않을까 걱정하면서.

그렇게 5분쯤 지났을까? 사이렌 소리가 들리더니 경찰차가 나타났다.

"왔다!"

아름이는 반가워 얼른 나서려다 다시 주저앉았다. 괜히 나섰다가 나쁜 아저씨들의 눈에 띄면 곤란하다.

'내가 신고했다는 걸 알게 되면 나중에 복수할 수도 있어.'

아름이는 계속 숨어서 지켜보기로 했다. 경찰차에서 두 명의 경찰이 내리더니 대문 초인종을 눌렀다. 잠시 뒤, 인터폰에서 소리가 들렸다.

"누구세요?"

"경찰입니다. 아이가 납치됐다는 신고가 들어와서요."

'아니, 저렇게 다 말하면 어떡해!'

아름이는 답답했다. 납치한 사람들에게 납치 신고가 들어왔다고 말하면, '아이코, 들켰네요. 죄송합니다.'라고 자백하겠는가. 이럴 때는 비밀 작전을 펼쳐서 치현이를 구해 내야 되는 게 아닌가 말이다.

아까 들어갔던 남자 중 한 명이 나오더니 꾸벅 인사를 하며 말했다.

"수고하십니다. 그런데 납치라니요? 그런 일 없습니다."

고분고분하게 말하는 것이 아까와는 전혀 다른 분위기였다. 아름이는 직접 나가서 '아저씨가 내 친구를 끌고 갔잖아요.'라고 따지고 싶었다. 하지만 마음만 그렇지 무서워서 나설 엄두가 나지 않았다. 경찰이 말했다.

"신고가 들어왔으니 일단 조사는 해야 합니다. 들어가 봐도 될

까요?"

남자가 잠시 생각하는 척하더니 대답했다.

"조사요? 네, 그러세요."

그러더니 경찰을 데리고 안으로 들어갔다. 아름이는 두 손 모아 빌었다.

'제발 치현이를 구해 주세요.'

아름이가 언제부터 이렇게 치현이를 생각했나. 게다가 지금 둘은 사이가 안 좋은 상황이 아닌가. 하지만 아름이는 같은 반 친구가 납치를 당했는데 모른 척 할수는 없었다.

그런데 한 십 분쯤 지났을까? 경찰들이 남자와 함께 나오는데, 치현이가 없다.

'치현이는?'

왜 치현이는 안 데리고 나온 것일까? 경찰 중 한 명이 말했다.

"장난 전화였나 보네요. 죄송합니다."

'장난 전화라니! 그럼 집 안에 치현이가 없다는 거야?'

황당했다. 조금 전 치현이가 끌려 들어가는 것을 아름이는 두 눈으로 똑똑히 봤다. 그런데 치현이가 없다니. 도대체 어떻게 된 일일까?

남자가 꾸벅 인사하며 말했다.

"괜찮습니다. 그럼 수고하십시오."

그때 경찰이 문득 생각난 듯 물었다.

"아, 그런데 자동차는 어디 있나요?"

남자가 되물었다.

"자동차요? 무슨 자동차요?"

그러고 보니 차가 없어졌다. 아까 분명히 집 앞에 차를 세웠었는데, 잠깐 사이 어디로 간 것일까?

"차량 번호가 22라 45789. 소유주 아니신가요?"

경찰의 물음에 남자는 딱 잡아뗐다.

"22라 45789요? 그런 차는 없는데요."

"네, 알겠습니다. 감사합니다."

결국 그렇게 경찰은 떠나 버렸다. 치현이도, 아무런 단서도 찾지 못한 채. 남자는 경찰차가 멀어지자마자 험악한 표정으로 주변을 둘러봤다. 아름이는 얼른 몸을 숨겼다.

'들키면 끝이다!'

가슴이 콩닥콩닥 뛰고 등에서는 식은땀이 흘렀다. 잠시 뒤, 탕 하고 대문 닫히는 소리가 들렸다. 아름이는 고개를 살짝 내밀어 살폈다. 다행히 집 앞에는 아무도 없었다. 아름이는 다리에 힘이 풀려 주저앉았다.

"휴!"

"시간이 너무 많이 지났어. 이제 집에 가야 해."

아빠가 또 재촉했다. 하지만 아름이는 아빠의 말이 들리지 않았다. 분명히 치현이를 데리고 들어갔는데 경찰은 왜 아무것도 발견하지 못한 것인지, 너무 이상했다.

'그사이 다른 데로 옮긴 건가?'

하지만 대문으로는 아무도 나오지 않았다. 그럼 다른 문이 있는 걸까? 경찰차 사이렌 소리가 들리자 재빨리 다른 문으로 치현이를 데리고 나갔을까? 그래서 아까 그렇게 당당하게 경찰을 데리고 들어간 게 아닐까? 도대체 치현이는 지금 어디에 있을까?

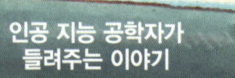
인공 지능 공학자가 들려주는 이야기

알파고와 딥러닝

2016년 3월, 인간과 컴퓨터의 바둑 대결이 펼쳐졌어. 선수는 우리나라의 이세돌 9단과 인공 지능 프로그램 알파고(AlphaGo). 승자는 알파고였지.

알파고가 승리할 수 있었던 것은 바로 딥러닝(Deep Learning) 기술 때문이야. 딥러닝이 무엇인지, 어떻게 알파고가 승리할 수 있었는지 알아볼까?

딥러닝이란?

예전에는 기계를 작동시키려면 사람이 직접 자료를 입력하고 규칙을 일일이 가르쳐 줘야 했어. 하지만 수많은 자료와 규칙을 다 입력해 주기는 너무 힘든 일이었지. 그래서 개발된 것이 바로 '기계 학습'이야. 기계 학습은 기계 스스로 학습 데이터를 읽고, 스스로 규칙을 만들 수 있게 하는 기술이야. 그중 대표적인 기술이 바로 딥러닝이지.

사람의 두뇌는 수많은 자료 속에서 일정한 모양이나 규칙을 발견해서 사물을 구분해. 이렇게 사람이 생각하고 판단하는 과정을 프로그램으로 만들어 컴퓨터가 비슷하게 할 수 있도록 구현한 기술이 기계 학습이고, 딥러닝은 더 나아가 사람이 입력시키지 않아도 컴퓨터가 스스로 데이터를 분류하고 파악할 수 있는 기술이야.

예를 하나 들어 볼까? 여러 장의 동물 사진 중에서 고양이 사진을 찾으라는 명령을 내렸어. 그럼 옛날 프로그램은 사전 지식, 즉 '귀가 뾰족하고 네 발이 보이는 사진'이라는 정보를 이용해 고양이 사진을 찾아 냈어. 그런데 만약 사진에서 고양이의 귀나 다리가 보이지 않으면 어떻게 될까? 당연히 그 사진은 고양이 사진이 아니라고 분류했지. 사전 지식과 다르니까.

하지만 딥러닝은 사전 지식을 사용하지 않아. 스스로 학습하고 특성을 분류해서 고양이 사진을 찾아내지. 고양이 다리가 세 개만 보여도, 고양이가 귀를 접고 있어도 모두 고양이라고 잘 알아

봐. 이 사진이 고양이라고 가르쳐 주지 않아도 컴퓨터 스스로 어떤 것이 고양이인지 학습하고 판단할 수 있는 것이지.
알파고도 스스로 바둑 고수들의 게임 16만 개를 학습하고, 알파고끼리 바둑을 두면서 어떤 상황에서는 어떤 수를 두어야 할지 스스로 배웠다고 해. 그래서 세계 최고의 바둑 기사를 이길 수 있었지.

얼굴 인식 프로그램 '딥 페이스'

세계 최대의 소셜 네트워크 서비스(SNS) 중 하나인 페이스북에서 만든 '딥 페이스'도 바로 딥러닝 기술을 이용해 만든 얼굴 인식 프로그램이야. 사진에 마우스 커서를 대면 그 사람의 이름이 자동으로 뜨는 프로그램인데, 사람의 눈과 거의 비슷할 정도로 정확하다고 해. 이용자가 올린 얼굴의 옆면만 봐도 누구인지 판별할 수 있을 정도지.

인공 지능 의사에 도전하는 '왓슨'

세계 최대의 컴퓨터 회사인 'IBM'에서 만든 '왓슨(Watson)'은 사람의 말을 이해하고 질문에 답할 수 있는 인공 지능 컴퓨터야.

2011년 2월, 미국의 한 퀴즈쇼에 참가해서 퀴즈 달인들을 물리치고 우승을 차지해 유명해졌지. 왓슨은 복잡하고 방대한 인간의 언어를 이해하고, 각 단어들의 관계를 분석해서 답을 찾아내는 뛰어난 능력을 가지고 있어. 또 왓슨은 2014년부터 세계적인 암 전문 병원에서 공부하고 있어. 암 환자들의 데이터와 각종 의료 데이터를 이용해서 의사 대신 암을 발견하고, 가장 좋은 치료를 할 수 있도록 도와주는 시스템으로 발전하기 위해서지. 현재 왓슨은 해당 분야 전문의에 버금가는 수준으로 일을 한다고 해.

빠르고 정확한 '로봇 기자'

2018년 평창 동계 올림픽에서는 인공 지능 프로그램인 로봇 기자 '올림픽봇'이 멋진 활약을 했어. 매일, 매시간 벌어지는 경기들의 결과를 인터넷을 통해 알려 주었는데 사람 기자보다 더 빠르고 정확했지. 데이터를 수집하고, 기사를 작성해 수정하고, 기사를 내보내는 것까지 모든 과정을 자동으로 할 수 있는 프로그램이기 때문이야.

로봇 기자는 스포츠뿐 아니라 다양한 분야에서 활동하고 있어. 지진이 발생하면 자동으로 기사를 작성해 알려 주는 지진 보도 프로그램 '퀘이커봇', 각종 경제 뉴스를 알려 주는 '뉴스봇', 또 1년간 스포츠, 정치, 사회 등 다양한 분야의 기사를 850건이나 쓴 미국의 로봇 기자, '핼리오그래프'도 있지.

뭐든지 척척, '인공 지능 비서'

"지니, 재미있는 만화 틀어 줘."
"빅스비, 오늘 날씨 어때?"
"시리, 아침 6시로 알람 맞춰 줘."

지니와 빅스비 그리고 시리는 바로 인공 지능 비서들의 이름이야. 목소리만으로 대화를 나누고, 필요한 정보를 물어보고, 전화를 걸거나 문자 메시지를 보내고, 일정을 관리해 주기도 하지. 또 사용자가 말한 내용에 따라 그 기분을 맞춰 주는 답을 하기도 해.

이때 중요한 것은 사람의 언어를 이해할 수 있는 기술이야. 아직은 완벽하게 사람의 언어를 이해하지 못하고 때로는 잘

못된 대답을 하기도 하지만, 언젠가는 사람과 농담을 주고받을 수 있을 정도로 발전하게 될 거야.

또 사람의 말을 이해하는 기술은 '자동 번역' 분야에도 큰 발전을 가져왔어. 스스로 문장 전체의 정보를 학습하고, 글의 문맥을 파악해 보다 정확하고 자연스럽게 번역을 할 수 있게 됐지. 앞으로는 인공 지능 번역기만 있으면 외국 사람과 의사소통을 하는데 큰 불편함이 없게 될 거야.

치현이를 찾아라!

아름이는 뒤쪽으로 나가는 문이 있나 싶어서 담벼락을 따라 둘러봤다. 집은 앞에서 본 것보다 훨씬 컸다. 하지만 뒷문은 없었다. 그렇다면 치현이는 집 안에 있는 게 분명하다.

그때, 앞쪽에서 자동차 서는 소리가 났다. 아름이는 담벼락에 찰싹 달라붙어 지켜봤다. 딱 봐도 엄청 비싸고 좋은 자동차였다. 아까 그 남자가 대문 밖으로 황급히 뛰어나왔다. 운전기사가 내려 뒷문을 열어 주자, 60대쯤 되어 보이는 할아버지가 내렸다. 집에서 나온 남자는 허리 굽혀 인사했다.

"회장님!"

'회장님? 그럼 저 사람이 치현이를 납치하라고 시킨 건가?'

아름이는 얼른 스마트폰 무음 카메라로 회장의 얼굴을 찍었다. 회장은 대문으로 들어가면서 화를 냈다.

"경찰 왔었다며. 왜 일을 똑바로 처리하지 못해!"

남자가 다시 90도로 인사하며 말했다.

"죄송합니다."

아름이는 방금 찍은 회장 사진을 스마트폰 화면에 띄우고 아빠에게 작은 소리로 물었다.

"아빠, 이 사람이 누군지 알아볼 수 있어?"

아빠는 얼굴을 인식하고 비교하는 기능이 있어서 사진을 분석해 누구인지 알아낼 수 있다. 예를 들면, 아름이가 '내 셀카 보여 줘.'라고 말하면, 스마트폰에 저장된 수많은 사진 중에서 아름이의 셀카 사진을 찾아 보여 준다. 고양이나 강아지와 같은 동물 사진을 찍으면 그것이 고양이인지 강아지인지 구별할 수 있고, 의자나 책상, 자동차 같은 사물도 구별할 수 있다. 또 사진을 찍어 그것이 무엇인지 물어보면, 인터넷에서 사진 데이터를 검색해서 알려 준다. 그러니 회장이라는 사람이 신문이나 뉴스에 나온 적이 있거나, 포털 사이트 인물 정보에 사진이 등록된 사람이라면 누군지 알아낼 수 있을 것이다.

"알아볼게."

아빠는 곧바로 아름이가 찍은 사진에서 회장의 얼굴을 인식한 뒤, 포털 사이트에 올라와 있는 수많은 얼굴 사진과 비교했다. 그리고 3초 만에 그 결과를 말해 줬다.

"미래 산업 회장, 사기군이야."

"미래 산업?"

아빠는 또 순식간에 '미래 산업'을 검색하고 결과를 말해 줬다.

"미래 산업은 무기 제작 및 거래를 하는 회사야. 그리고 회장인 사기군은 5년 전, 불법 무기 거래로 2년 형을 선고 받고 복역했어."

'감옥에 갔다 온 사람이라고?'

어쩐지 딱 봐도 무서워 보인다 했다. 옆에 있는 남자들도 하나같이 조직폭력배 같아 보였는데 정말로 나쁜 사람들임이 분명하다. 그런데 그런 사람들이 왜 치현이를 납치한 것일까? 아름이는 등골이 오싹해졌다.

'치현이 정말 어떡해.'

그렇게 나쁜 사람들이라면 치현이한테 어떤 짓을 할지 모른다. 빨리 치현이가 어디 있는지 알아내 구해야 한다. 아름이는 담벼락 옆에 있는 커다란 돌 위에 올라가 집 안을 살폈다. 마침 회장이 현관문을 열고 들어가며 남자에게 물었다.

"아이는?"

남자가 대답했다.

"얌전하게 잘 있습니다."

아름이는 귀가 번쩍했다. 아이가 얌전하게 잘 있다는 말은 치현이가 아직 여기 잡혀 있다는 뜻. 그렇다면 경찰이 찾지 못하는 곳에 숨겨둔 것이 분명하다. 도대체 어디에 숨겨 놓은 것일까?

그런데 그때, 아빠가 마지막 경고를 했다.

"아름아, 이젠 집에 가야 해. 그렇지 않으면 엄마한테 이 사실을 알릴 수밖에 없어."

그럼 엄마는 바로 전화를 하겠지. 그리고 당장 집으로 돌아가라고 할 것이다. 아름이는 고민이 됐다.

'그냥 갈까?'

지금 아름이에게 가장 현명한 선택은 그냥 집으로 가는 것일지도 모른다. 경찰에 신고도 했으니 아름이는 할 만큼 했다. 게다가 경찰도 못 찾은 치현이를 아름이가 쉽게 찾을 리도 없었다.

'그치만……, 치현이는?'

지난번 일로 서로 아는 척도 안 하는 껄끄러운 사이이긴 해도 치현이는 같은 반 친구다. 친구가 위험에 처해 있는데 그냥 가도 될까? 나쁜 아저씨들한테 무슨 일을 당할지도 모르는데?

아름이는 2학년 때의 일이 생각났다. 지금도 그렇지만 아름이는 성격이 활발하지 못해서 친구가 많지 않았다. 반에서 가장 인기 있고 힘이 있던 아이는 이주연. 주연이는 같은 반 여자아이들을 거느리고 다니면서 자기 맘에 들지 않는 아이들을 은근히 따돌렸다. 아름이도 그중 한 명이었다.

그러던 어느 날, 학원가 뒷골목을 지나다 우연히 주연이를 봤다. 학교에서 무섭기로 소문난 5학년 언니들한테 혼쭐이 나고 있는 것이었다. 아름이가 놀라 어찌할 바를 모르고 있는데 주연이

와 눈이 딱 마주치고 말았다. 도와달라는 애절한 눈빛이었다. 하지만 아름이는 외면해 버렸다. 못 본 척 그냥 지나쳐 버렸다.

집에 돌아와서도 내내 마음에 걸렸지만 아름이는 생각했다.

'진짜 무서운 언니들인데, 내가 뭘 어떻게 할 수 있었겠어.'

그런데 다음 날, 주연이는 학교에 오지 않았다. 주연이가 아파서 결석했다는 선생님의 말에 아름이는 어제 본 주연이의 애절한 눈빛이 떠올랐다.

'어제 언니들한테 맞은 거 아닐까?'

전날 주연이를 도와주지 못한 것이 점점 후회가 됐다. 그날 밤, 아름이는 아빠에게 어제 있었던 일을 털어놓았다. 여기서 아빠는 진짜 아빠다. 그때까지만 해도 아빠는 살아 계셨으니까. 아름이의 말을 들은 아빠는 이렇게 말했다.

"그래, 너도 무서웠을 거야. 괜히 언니들한테 걸려서 주연이와 같이 혼이 날 수도 있으니까. 하지만 어려움에 처한 친구를 외면하는 건 아닌 것 같아. 이제부터는 좀 더 용기 있는 아름이가 되어 보자."

그렇다. 생각해 보니 방법이 없었던 것도 아니다. '주연아!' 하고 불러서 언니들의 시선을 돌리고 주연이를 도망칠 수 있게 할 수도 있었을 것이다. 선생님이나 주연이의 집에 전화를 걸어 주연이가 위험하다는 것을 알릴 수도 있었을 것이다. 하지만 아름이는 그 어떤 행동도 하지 않았다. 아름이는 그런 자신이 바보 같고 창피했다.

3일 만에 학교에 나온 주연이는 말수가 급격하게 줄고 친구들과도 잘 어울리지 않았다. 소문으로는 5학년 언니들이 주연이한테 까불고 다니지 말라고 으름장을 놓았고, 그 충격으로 많이 힘들었다는 것. 덕분에 아름이를 따돌리는 일도 줄었지만 아름이는 주연이에게 미안한 마음이 가시지 않았다.

생각해 보면 지금도 똑같은 상황이다. 아름이는 선택을 해야만 한다. 그냥 갈 것인가, 아니면 치현이를 찾을 것인가.

아름이는 아빠에게 물었다.

"아빠, 친구가 위험에 빠졌을 때는 어떻게 해야 하지?"

아빠가 대답했다.

"당연히 도와줘야지."

그럴 줄 알았다. 아빠는 늘 옳은 말만 하니까.

"그래서 지금 친구를 도와주려는 거야. 그러니까 아빠가 나 좀 도와줘."

아빠가 대답했다.

"아빠는 언제나 아름이를 도와주지."

아빠는 아름이가 지금 얼마나 위험한 일을 하려고 하는지 모른다. 아직 아름이의 머릿속 생각까지 알아낼 수 없기 때문이다. 아빠는 아름이가 아빠에게 말하고 입력하는 정보와 각종 센서로 입력되는 정보만을 얻을 수 있다. 그리고 그것을 기반으로 판단할 수 있을 뿐이다. 아빠가 아름이의 마음을 몰라 준다고 투정을 부렸었는데, 오히려 지금은 아빠가 모르는 것이 다행이다.

아름이의 계획은 이렇다.

먼저 안으로 들어간다. 그리고 치현이가 진짜 집 안에 있는지 확인한다. 마지막으로 다시 경찰에 신고한다. 여기서 가장 중요한 것은 나쁜 사람들한테 절대 들키지 않는 것.

아름이는 커다란 돌 위에 올라서서 담벼락 안쪽을 살펴봤다. 다행히 담을 따라 높은 화단이 있었다. 조심스럽게 뛰어내리면 될 것 같았다. 아름이는 집 안에서 내다보는 사람이 있는지 살핀 뒤, 재빨리 담을 넘었다. 그리고 냅다 뛰어 커다란 창문 밑으로 갔다. 가슴이 콩닥콩닥 뛰고 식은땀이 났다.

잠시 숨을 고르고 있는데, 안쪽에서 말소리가 들렸다.

"회장님, 전화 연결됐습니다."

이어 사기군의 쩌렁쩌렁한 목소리가 들렸다.

"어, 유 박사! 아주 귀여운 아들이 하나 있던데. 하하하!"

사기군이 계속 말을 이었다.

"이게 다 유 박사도 좋고, 나도 좋으라고 하는 일 아닙니까. 하하하. 경찰에 알리면 아이가 위험해진다는 것쯤은 알고 계시죠? 그럼 답변 기다리겠습니다."

아름이는 문득 치현이가 맨날 자랑하던 말이 생각났다.

'우리 아빠는 유명한 로봇 공학자, 유명인 박사님이야.'

그러니까 지금 사기군은 치현이를 납치해 치현이의 아빠, 유명인 박사를 협박하고 있는 것이다. 사기군이 전화를 끊더니 부하들에게 명령했다.

"여기는 경찰한테 노출돼서 위험해. 이천 별장으로 옮겨야겠어. 준비해."

큰일이다. 치현이를 다른 데로 옮기면 아름이는 따라갈 방법이 없다.

'치현이 아빠한테 어서 알려야 해.'

치현이를 데리고 가기 전에 빨리 구하러 오게 해야 한다. 아름이는 전화 소리가 들릴까 봐 건물 뒷마당으로 가서 아빠한테 말했다.

"로봇 공학자인 유명인 박사님 전화번호를 찾아 줘."

아빠는 포털 사이트의 정보를 이용해 순식간에 유 박사의 전화번호를 알아냈다.

"연구실 전화번호가 있어. 연결할까?"

"응."

아빠가 바로 전화를 걸었다. 통화음이 들리자마자 여자가 다급한 목소리로 전화를 받았다.

"여보세요?"

"거기 유명인 박사님 연구소인가요?"

"네. 그런데 지금 좀 바빠서……."

연구소가 치현이 때문에 발칵 뒤집힌 모양이었다. 여자가 전화를 끊으려 하자 아름이가 재빨리 말했다.

"제가 치현이 있는 곳을 알아요."

"네? 정말요? 누군데요? 어떻게요?"

여자가 놀란 목소리로 물었다.

"전 치현이랑 같은 반 친구인 한아름이에요. 치현이가 납치당하는 걸 보고 따라왔어요."

"그래요? 잠깐만, 잠깐만요! 박사님, 박사님!"

어수선한 분위기 속에서 유 박사가 황급히 전화를 받았다.

"정말이니? 치현이가 있는 곳을 알아?"

"네. 여기 사기군 회장이랑 부하들이 치현이를 감금하고 있어요. 주소는 삼막로 11-4예요."

"고맙다! 정말 고마워!"

"빨리요, 빨리 오셔야 돼요. 회장이 치현이를 다른 데로 옮기려고 해요."

"알았어! 빨리 갈게. 금방 갈게."

사기군의 전화를 받은 유 박사는 청천벽력 같은 소식에 어찌할 바를 모르고 있었다. 유 박사는 사람과 똑같이 움직일 수 있는 로봇을 연구하는 세계 최고의 로봇 공학자. 사기군은 그 기술을 이용한 인공 지능 무기를 만들기 위해 유 박사를 끌어들이려 했다. 개발 대가로 엄청나게 많은 돈을 주겠다 했지만, 유 박사는 인류의 멸망을 가져올 수도 있는 그런 나쁜 무기는 만들 수 없다며 단칼에 거절했다. 그러자 이렇게 치현이까지 납치하며 협박을 한 것이다.

경찰에 알리면 치현이가 위험해질 것이고, 그렇다고 사기군의 요구를 들어줄 수도 없고. 유 박사가 선뜻 결정을 내리지 못하고 발만 동동 구르고 있는 와중에 아름이 전화를 받게 된 것이었다.

아름이가 막 전화를 끊었을 때였다. 앞마당에서 누군가 통화하는 소리가 들렸다.

"아까 그 번호는 경찰한테 노출됐으니까 다른 걸로 바꿔 달고 와. 빨리! 회장님 엄청 화나셨어."

가짜 번호판을 바꿔 달고 차를 가져오라는 말. 아름이는 마음이 급해졌다.

'유 박사님이 오시기 전에 치현이를 다른 데로 또 데려가면 어떡

하지?'

 그럼 이러고 있을 때가 아니다. 치현이를 찾아야 한다. 그런데 도대체 치현이는 어디에 있는 것일까?

 '경찰이 다 뒤졌는데도 찾지 못했다면 집 안이 아닌 다른 곳에 숨겼단 말인데!'

 그때 문득 아름이의 눈에 띄는 것이 있었다. 건물 뒤쪽에 나 있는 작은 계단. 지하로 내려가는 계단 같았다.

 '혹시 저기에?'

건물 모양으로 봐서는 지하실이 있을 것 같지 않았다. 그런데 계단이 있다? 수상하다. 아름이는 겁이 났지만 조심스럽게 계단을 내려갔다. 계단 밑에는 작은 문이 하나 있었다. 아름이는 손잡이를 잡고 천천히 돌려 봤다.

'열린다!'

다행히 문이 잠겨 있지 않았다. 아름이는 살며시 문을 열고 안으로 들어갔다. 지하인데다 창문이 없어서 그런지 너무 깜깜했다.

"깜깜해."

아름이의 말이 떨어지기 무섭게 아빠는 손전등 설정을 켰다.

"고마워, 아빠."

아름이는 문 앞에 서서 불빛을 비춰 보았다. 좁고 긴 복도였다. 그리고 복도 끝에서 희미한 불빛이 새어 나왔다. 아름이는 귀신이 나올 것 같은 기분에 온몸이 덜덜 떨렸다. 하지만 주먹을 꼭 쥐고 살금살금 복도를 따라갔다. 복도 끝에 가니 오른쪽 구석 공간이 있고 양쪽으로 방 네 개가 있었다. 불빛은 제일 안쪽 방에서 새어 나오고 있었다.

'저기다!'

저 방에 치현이가 있을 것 같았다. 아름이는 손전등 빛을 가리고 조심조심 그 방으로 다가갔다. 그리고 문 앞에 주저앉아 귀를 대고 방 안의 소리를 들었다. 아무 소리도 들리지 않았다. 아름이는 천천히 일어나 문 윗부분의 작은 창문 너머를 빼꼼히 들여다봤다.

'치현이다!'

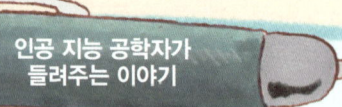
인공 지능 공학자가
들려주는 이야기

미래의 인공 지능

영화 〈아이언 맨〉 3편에서 토니 스타크는 고장 난 아이언 맨 슈트를 입고 날아가다 눈밭에 떨어졌어. 전력이 부족해진 자비스가 절전 모드로 들어가며 '전 좀 쉬어야겠어요.'라고 말하자, 토니는 '자비스! 이봐, 날 혼자 두지 마!'라고 외쳐. 그에게 자비스는 언제나 함께하는 친구 같은 존재였기 때문이지.

미래에는 인공 지능이 어떤 모습으로 발전하게 될까? 인공 지능이 정말 인간의 감정을 완벽하게 이해하는 날이 올까?

'약한 인공 지능'과 '강한 인공 지능'

인공 지능은 '약한 인공 지능'과 '강한 인공 지능'으로 나눌 수 있어. 약한 인공 지능은 어떤 특정한 부분의 문제를 푸는 기술을 말해. 음성을 듣고 무슨 말인지 이해하거나, 여러 동물 사진 중에서 고양이 사진만 찾아내거나 하는 것이지. 알파고나 인공 지능 비서도 모두 약한 인공 지능이라고 할 수 있어.

강한 인공 지능은 어떤 문제든 스스로 해결할 수 있는 기술을 말해. 영화 〈아이언 맨〉의 '자비스'나 〈터미네이터〉의 '스카이넷'과 같이 인간과 거의 비슷한 수준으로 쓰이는 인공 지능 프로그램을 말하는 거지.

사람의 감정까지 이해할 수 있을까?

인간의 감정을 이해하는 기술을 '감정 인식 기술'이라고 해. 이 기술은 각종 센서를 이용하는 기술과 딥러닝 기술, 그리고 수많은 데이터를 처리하는 기술들을 잘 융합해야 만들 수 있어.

예를 들면, 사람이 화가 나면 얼굴 표정이 굳어지거나 빨개지고, 행동이 과격해지고, 또 말소리가 떨리거나 커지는 등 여러 가지 변화가 일어나. 이러한 변화를 각종 센서를 이용해 감지해서 컴퓨터가 이해할 수 있는 신호로 바꿔 줘야 해. 또 사람들이 화가 났

을 때 어떤 신체적인 변화와 행동의 변화를 보이는지에 대한 수많은 데이터를 딥러닝으로 학습해 센서로 감지된 감정이 무엇인지 알아내야 되지. 그리고 마지막으로 그 감정에 맞는 말이나 행동을 찾아 표현하는 기술도 필요해. 이 모든 기술이 완벽하게 조화를 이루어야 비로소 인간의 감정을 이해할 수 있는 인공 지능 프로그램을 만들 수 있는 거지.

최근에는 영상이나 음성, 그리고 혈압이나 맥박과 같은 생체 신호를 이용해서 인간의 감정이나 마음속 상태를 알아내기 위한 기술들이 많이 개발되고 있어.

영상으로 얼굴을 인식해 스마트폰 잠금을 해제하는 기능은 이미 널리 쓰이고 있고, 목소리의 떨림이나 높낮이 등을 분석해 감정 상태를 알아내는 음성 인식 기술도 개발되고 있지. 또 생체 신호를 이용해 얼굴, 표정, 행동에서 드러나는 감정뿐 아니라, 마음속 감정까지 알아내는 기술들이 연구되고 있어.

이러한 기술들을 자동차에 적용하면 카메라와 센서로 운전자의 감정을 분석하고, 그에 맞는 음악을 틀어 주거나 조명, 온도 등을 조절해 주고, 운전자가 졸릴 때는 잠을 깨워

줄 수도 있지.

미국의 인공 지능 공학자이자 미래학자인 '레이 커즈와일'은 2045년에는 인공 지능이 인간의 능력과 지성을 따라잡을 거라 예측했어. 그러니 그때가 되면 인공 지능이 사람의 감정을 완벽하게 이해할 수 있지 않을까?

환상의 구출 작전

 치현이는 의자에 앉아 있었는데, 다행히 몸이 묶여 있진 않았다. 바로 앞에는 남자 한 명이 서서 치현이를 지키고 있었다. 아까 치현이가 납치될 때 본 사람 같았다.

 '이젠 어떻게 해야 하지?'

 무서운 아저씨가 떡하니 지키고 있는데 어떻게 치현이를 구출할 수 있을까? 아름이는 아빠의 능력을 믿어 보기로 했다. 아빠는 가장 정확한 답을 찾아 말해 주는 능력자니까. 아름이는 소리를 낮춰 아빠에게 물었다.

 "아빠, 치현이가 잡혀 있어. 나쁜 사람 한 명이 지키고 있고. 이

릴 땐 어떻게 해야 하지? 좋은 방법 좀 가르쳐 줘.'

"잠깐만."

아빠는 곧바로 각종 탐정 소설과 백과사전에서 범인 검거 방법, 납치된 피해자 구출 방법 등을 검색했다. 그리고 그중 가장 적절한 방법을 찾아 말해 줬다.

"먼저 범인을 유인해야 돼."

남자를 방 밖으로 불러내라는 말. 그런데 무슨 방법으로?

'소리를 지를까?'

그렇다. 이상한 소리가 들리면 남자가 확인하러 나오겠지. 그 다음은? 주변을 둘러보니, 복도 끝 구석에 작은 계단이 있었다. 1층으로 올라가는 계단일 것이다.

'저 계단 밑에 숨을까?'

계단 밑이 컴컴해서 숨어 있으면 잘 보이지는 않겠지만 그래도 들킬 확률이 크다. 그럼 치현이를 구하기는커녕 아름이까지 잡힐지도 모른다. 아름이는 고민에 빠져 다시 문을 등지고 주저앉았다. 그때, 맞은편 방문의 빗장이 눈에 들어왔다. 그리고 좋은 방법이 번쩍 떠올랐다.

'그래! 저 방으로 유인해서 쇠막대를 걸어 잠그면 되겠다!'

그렇게 남자를 가둔 다음 치현이를 데리고 도망가는 것이다. 완벽한 작전이다.

'무슨 소리로 유인하지?'

아름이는 아까 컴컴한 복도를 걸으며 귀신이 나올까 겁을 먹었던 생각이 났다. 아름이는 얼른 아빠에게 물었다.

"아빠, 귀신 소리 낼 수 있지?"

"물론이지."

역시 아빠는 못하는 게 없다. 아름이는 살며시 일어나 앞에 있는 방문을 열고 들어갔다. 이런저런 짐이 쌓여 있는 것으로 봐서 창고로 쓰는 방 같았다. 아름이는 제일 안쪽에 있는 선반 위에 스마트폰을 감춰 놓은 다음 아빠에게 말했다.

"아빠, 내가 그만하라고 할 때까지 계속 귀신 소리를 내 줘."

"알았어."

아빠는 아름이의 말이 끝나자마자 각종 귀신 소리를 검색해서 재생시켰다.

"으으으! 이히히히!"

블루투스 이어폰으로 귀신 소리가 들렸다. 아름이는 재빨리 컴컴한 계단 밑에 몸을 숨기고 블루투스 이어폰의 스위치를 껐다. 그러자 스마트폰 스피커로 귀신 소리가 흘러나오기 시작했다. 컴컴한 지하실 가득 귀신 소리가 울려 퍼졌다. 아름이도 괴기한 소리에 겁이 났다. 금방이라도 귀신이 튀어나올 것만 같았다. 아름이는 숨을 죽이고 방문이 열리기를 기다렸다. 잠시 뒤 방문이 열렸다.

남자가 고개를 빼꼼 내밀어 복도를 살폈다.

"이게 무슨 소리지?"

아빠는 열심히 귀신 소리를 냈다.

"이히히히! 끼야아악!"

남자는 흠칫 놀라더니 창고 쪽을 보았다.

"뭐야……?"

'들어가라. 얼른 들어가라.'

아름이가 주문을 걸 듯 되뇌었다. 남자는 멈칫거리며 살짝 열린 창고 문을 열고 들어갔다.

"누, 누구 있어요?"

"흐으윽! 히이익!"

대답은 없고 요상한 소리만 들리자, 남자는 겁에 질린 목소리로 혼잣말했다.

"정말 귀신이야 뭐야?"

'조금 더. 조금만 더.'

아름이는 간절히 바라고 또 바랐다. 남자는 전등 스위치를 찾으려고 벽을 더듬으며 점점 더 안쪽으로 들어갔다.

'지금이다!'

아름이는 살금살금 기어 나온 다음 잽싸게 문을 닫았다.

쾅!

"엄마야!"

남자의 비명이 들렸다. 아름이는 손이 덜덜 떨릴 정도로 무서웠지만 있는 힘을 다해 빗장 자물쇠를 걸었다.

끼이익. 탕!

쇳소리가 지하실 가득 울려 퍼졌다. 성공이다.

겁에 질린 남자는 문을 쾅쾅 치며 애타게 소리쳤다.

"으악, 뭐야! 문 열어! 문 열라고!"

아름이는 블루투스 이어폰의 스위치를 켰다. 귀신 소리가 다시 이어폰으로 들어왔다. 아름이가 말했다.

"아빠, 됐어, 그만해도 돼."

아빠는 바로 귀신 소리를 껐다. 이제 시간이 없다. 서둘러 치현이를 구해야 한다. 아름이는 재빨리 치현이가 있는 방 안으로 뛰어 들어갔다.

"치현아, 빨리 나와!"

치현이가 깜짝 놀라 외쳤다.

"아름아!"

남자가 다시 문을 두드리며 소리쳤다.

"누구야! 당장 문 열어!"

아름이가 다급하게 손짓하며 소리쳤다.

"뭐 해! 빨리 나와. 도망가야 돼!"

"아, 알았어!"

치현이가 재빨리 가방을 챙겨 뛰어나왔다. 창고에 갇힌 남자가 전화하는 소리가 들렸다.

"여기 좀 빨리 내려오세요."

큰일 났다. 시간이 없다. 아름이가 아까 들어온 복도로 뛰어가며 소리쳤다.

"이쪽이야, 이쪽!"

치현이도 아름이를 따라 뛰었다. 아름이는 아빠를 창고 안에 두고 도망가는 것이 마음에 걸렸다. 하지만 괜찮다. 아빠는 프로그램이니까 다시 깔면 된다. 집에 있는 컴퓨터에도 아빠가 있으니까. 새 스마트폰이 아깝기는 하지만 말이다. 아름이는 뛰면서 블루투스 이어폰으로 말했다.

"아빠, 고마워."

아빠도 말했다.

"아빠도 고마워."

눈물이 났지만 아름이는 꾹 참았다. 지금은 눈물을 흘릴 시간이 없다. 나쁜 아저씨들이 몰려오기 전에 빨리 도망가야 한다. 아름이와 치현이는 지하실 문을 열고 계단을 뛰어올라 뒷마당으로 나왔다.

그때였다.

"야! 거기서!"

남자 두 명이 아름이와 치현이를 보고 달려왔다. 아름이는 담벼락을 기어오르며 소리쳤다.

"치현아, 빨리 담 넘어!"

하지만 뒷마당에는 화단도 없고, 담도 너무 높았다. 겨우겨우 담벼락 꼭대기에 뛰어오르려는 찰나, 남자가 아름이의 뒷덜미를 잡았다.

"어딜 도망가려고!"

또 다른 남자는 치현이의 다리를 잡았다. 치현이가 다리를 뿌리치며 소리쳤다.

"놔요!"

하지만 어른들의 힘을 당해 낼 수 없어, 결국 둘 다 붙잡히고 말았다. 남자가 아름이를 잡아 세우며 말했다.

"너였구나! 경찰에 신고한 애가!"

아름이는 대답하지 않고 씩씩거리며 남자를 째려봤다. 남자가 황당한 표정으로 말했다.

"뭘 째려봐. 아주 겁이 없구나 네가. 까불지 마라!"

아름이는 주먹을 꽉 쥐었다. 당장 주먹을 날리고 싶었지만 딱 붙잡혀서 손을 쓸 수가 없었다. 그리고 솔직히 겁도 나고 무서

웠다.

'이제 어떡하지?'

아름이와 치현이는 앞마당으로 끌려갔다. 앞마당에는 사기군이 나와 있었다. 얼굴이 붉으락푸르락 화가 잔뜩 나 소리쳤다.

"맹랑한 애들이군. 빨리 옮겨!"

"네!"

집 앞에는 승합차가 대기하고 있었다. 이렇게 그냥 잡혀가는 것인가. 그럴 수는 없었다. 유 박사가 올 때까지 어떻게든 시간을 끌어야만 했다. 아름이가 버티고 서 소리쳤다.

"잠깐! 잠깐만요!"

사기군이 뭔가, 하는 표정으로 보자 아름이를 잡고 있던 남자가 물었다.

"왜 그래?"

아름이는 치현이한테 눈짓을 하며 말했다.

"배가 좀 아파서. 화장실 좀 갔다 가면 안 될까요?"

치현이도 아름이의 의도를 알아채고 말했다.

"저도요. 저도 화장실에 가고 싶어요."

아름이를 잡고 있던 남자가 험악한 표정을 지으며 말했다.

"이 녀석들, 아주 웃기네. 화장실 간다고 하고 도망가려는 거

모를 줄 알아?"

치현이를 잡고 있던 남자도 무섭게 말했다.

"그러게 말이야. 요즘 애들이 겁이 없다니까."

사기군이 재촉했다.

"뭐 해? 빨리 태워!"

"네!"

남자들이 대답하고, 아름이와 치현이를 승합차에 억지로 밀어 넣었다. 시간 끌기는 실패였다.

'제발 빨리 유 박사님이 오게 해 주세요.'

바로 온다고 했는데, 왜 이렇게 안 오는 것일까? 이렇게 실려

가면 영영 집에 돌아가지 못할 지도 모른다. 아름이는 이제 와 후회가 됐다.

'그냥 아빠 말 듣고 집에 갈 걸 그랬나?'

그때 아름이가 창고에 가둬 버렸던 남자가 조수석에 타며 윽박질렀다.

"너지! 죽고 싶어?"

험악한 인상에 커다란 주먹까지 들이밀며 협박하니 아름이는 눈물이 찔끔 나왔다. 치현이가 작은 소리로 울먹였다.

"아름아, 미안해. 나 때문에 너까지."

아름이는 얼른 속삭였다.

"아니야, 걱정 마. 너희 아빠가 구하러 오실 거야."

"정말?"

창고에 갇혔던 남자가 버럭 소리를 질렀다.

"시끄러! 입 다물어!"

아름이는 치현이에게 대답 대신 고개를 끄덕였다. 말은 그렇게 했어도 차가 출발하자 아름이는 이제 끝났구나 싶었다.

'제발! 제발 좀 구해 주세요!'

차가 막 큰 거리로 나왔을 때였다. 갑자기 차가 급정거를 해서 밖을 내다보니, 경찰차 한 대가 차 앞을 가로막고 있었다. 아름이와 치현이의 눈이 반짝 마주쳤다.

'살았다!'

유 박사가 경찰을 부른 게 분명하다. 창고에 갇혔던 남자가 운전사에게 소리쳤다.

"뒤로 빼! 빨리!"

운전사는 재빨리 후진을 했다. 그런데 잠시 뒤 또다시 급정거를 했다.

뒤를 보니 이번에는 자동차 한 대가 길을 막고 서 있었다. 왕복 1차선의 좁은 도로라 오도 가도 못하는 상황이 되었다. 남자가 창문을 열고 뒤차를 향해 소리쳤다.

"빼! 빼라고!"

하지만 자동차는 꿈쩍도 안 했다. 그런데 어디서 많이 본 차다.

'엄마 차다!'

자세히 보니 정말 아름이 엄마가 운전석에서 핸들을 꼭 쥐고 앉아 있었다.

'엄마가 어떻게 여기에?'

아름이는 분명히 유 박사한테 연락을 했는데 어떻게 엄마가 온 것일까?

그때 경찰들이 차를 둘러싸고 가스총을 들이대며 소리쳤다.

"얌전히 나와!"

남자들이 두 손을 들고 차에서 내렸다. 아름이와 치현이도 경찰의 도움으로 안전하게 차에서 내렸다. 아름이는 사기군 생각이 났다.

"집에 사기군이 있어요. 그 사람도 잡아야 돼요."

경찰 아저씨가 대답했다.

"그쪽으로도 경찰들이 갔으니까 걱정 마."

그때, 엄마가 다급하게 차에서 내리며 소리쳤다.

"아름아!"

"엄마!"

엄마는 아름이를 안고 여기저기 살피며 물었다.

"괜찮니? 다친 데 없고?"

"네, 괜찮아요."

"치현이도 괜찮니?"

"네, 아줌마."

엄마가 안도의 한숨을 쉬었다.

"휴, 다행이다. 정말 다행이야."

"그런데 엄마가 어떻게 여길……."

아름이의 물음에 엄마는 버럭 했다.

"어떻게는 뭐가 어떻게야! 당연히 아빠가 엄마한테 위험 상황을 알려 줬지."

아름이는 그제야 생각났다. 아빠는 아름이가 위험한 상황에 처하면, 아름이와 주고받은 말과 현재 위치까지, 모든 정보를 엄마한테 전송한다. 아까 아빠가 어서 집에 돌아가지 않으면 엄마

한테 알릴 수밖에 없다고 했을 때, 그 상황을 알린 것이다. 엄마는 그걸 보고 바로 경찰에 신고했고 아름이를 구하기 위해 직접 왔다.

"엄마, 죄송해요."

엄마는 화가 안 풀려 다그쳤다.

"이럴 땐 경찰에 알려야지 왜 따라와, 따라오기를. 왜 이렇게 위험한 짓을 해?"

"잘못했어요. 치현이를 놓칠까 봐 급해서 그만……."

혼나는 게 당연하다. 엄마가 안 왔으면 어떻게 될 뻔했을까. 치현이를 구하기는커녕 둘 다 큰일 날 뻔했다.

"내가 너 때문에 정말……."

엄마는 눈물을 글썽이며 말했다. 아빠의 경고 메시지를 받은 다음부터 엄마가 얼마나 마음 졸이며 걱정했을지 생각하니 아름이는 정말 미안했다.

그때였다.

"치현아!"

돌아보니, 치현이랑 꼭 닮은 아저씨가 달려오고 있었다. 치현이가 달려가 안기며 소리쳤다.

"아빠!"

"괜찮니? 다친 데는 없고?"

"네, 괜찮아요. 아름이가 구해 줬어요."

유 박사는 얼른 아름이에게로 와서 말했다.

"아름아, 고맙다. 정말 고맙다."

유 박사가 아름이의 전화를 받고 경찰에 신고했는데, 벌써 아름이 엄마가 신고해서 출동하고 있었다고 한다. 만약 엄마가 먼저 신고하지 않았다면 경찰이 한발 늦게 도착했을 수도 있다. '아빠'가 제때 엄마한테 위급 상황을 알렸기 때문에 둘 다 극적으로 구출될 수 있었던 것이다.

　유 박사가 엄마에게도 감사 인사를 했다.

　"감사합니다. 이 은혜를 어떻게 갚아야 할지. 정말 감사합니다."

　치현이도 인사했다.

　"아름아, 고마워. 네 덕분에 살았어. 아줌마, 감사합니다."

　그때 사기군이 수갑을 찬 채 끌려 나왔다. 유 박사가 화가 나 소리쳤다.

　"나쁜 사람 같으니라고! 절대로 용서하지 않겠어!"

　사기군은 아무 소리도 못하고 그대로 경찰차에 태워졌다.

　아름이와 인공 지능 '아빠'가 힘을 합쳐 펼친 구출 작전이 치현이를 구하고, 나쁜 사람들을 모조리 잡은 것이다.

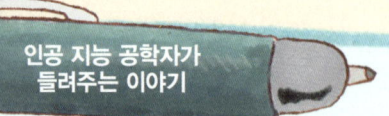
인공 지능 공학자가
들려주는 이야기

인공 지능의 바른 발전

영화 〈터미네이터〉에 나오는 '스카이넷'은 원래 인간이 필요해서 만든 인공 지능이었어. 그런데 딥러닝으로 인간을 뛰어넘는 수준으로 발전하자, 인간은 스카이넷을 멈추려고 하지. 결국 스카이넷은 인간을 적으로 생각하고 공격해. 스스로 생각하고 판단하고 심지어 인간을 배신할 수도 있는 무서운 로봇이 된 거지. 정말 그런 날이 올까? 미래의 인공 지능은 우리에게 어떤 문제를 일으킬까? 어떻게 하면 그런 끔찍한 일을 막을 수 있을까?

인공 지능 시대의 문제점

미국의 공상 과학 소설가인 '아이작 아시모프'는 그의 소설에서 로봇이 지켜야 할 세 가지 원칙을 제시했어.

첫째, 로봇은 인간에게 해를 입혀서는 안 되며,
위험에 처한 인간을 모른 척해서도 안 된다.

둘째, 첫 번째 원칙에 위배되지 않는 한,
로봇은 인간의 명령에 복종해야 한다.

셋째, 첫 번째 원칙과 두 번째 원칙에 위배되지 않은 한,
로봇은 로봇 자신을 지켜야 한다.

하지만 영화 속에서 그려지는 인공 지능 로봇들은 이 원칙을 지키지 않는 경우가 많아. 그래서 로봇은 우리 생활을 편리하게 해 줄 거라는 믿음과 함께 언제 어떻게 인간을 위협할지 모르는 두려운 존재가 되었지.

인공 지능 시대의 또 다른 문제점은 바로 일자리 문제야. 많은 사람이 가까운 미래에 인공 지능이 인간의 일자리 중 절반을 빼앗아 갈지 모른다고 걱정하고 있지.

공장에서 부품 조립을 하는 일은 예전에는 사람들이 했던 일인데, 점점 로봇들이 대신하고 있어. 또 마트에 인공 지능이 도입되면서 계산원들의 일자리도 줄어들고 있지. 뿐만 아니라, 왓슨과 같은 인공 지능 프로그램이 병을 진단하고 치료까지 한다면 많은 의사들이 일자리를 잃게 될 거야. 복잡한 법률 문제를 해결하는 변호사도 딥러닝으로 수십만 권의 법률 서적을 읽고, 수백만 건의 재판 서류를 공부한 인공 지능 변호사에게 일자리를 빼앗기게 될지도 몰라. 또 기자들이 하던 기사 작성도 모두 로봇 기자가 대신할 수도 있을 거야. 그렇게 되면 정말 큰일이겠지? 이런 상황이 발생하지 않게 하기 위해 우리는 무엇을 할 수 있을까?

인공 지능 원칙

인공 지능이 위협이 되는 일들을 막을 수 있느냐, 없느냐는 우리가 인공 지능을 얼마나 잘 알고 어떻게 준비해 나갈지에 달려 있어. 세계적인 과학자들이나 공학자들도 인공 지능의 발전이 우리가 사는 세상에 여러 가지 위험을 가져올 거라고 생각하는 사람들과 그렇지 않다고 생각하는 사람들로 나뉘어져.

하지만 모두들 인공 지능의 위험을 없앨 수 있는 방법은 사람들 스스로 도덕적이고 윤리적인 마음을 갖는 것이라고 말하지. 어떤 인공 지능을 만들지, 그 인공 지능이 인류에 해가 될지 안 될지를 늘 생각하며 개발해야 한다는 거야.

2017년, 세계적 천체물리학자인 '스티븐 호킹' 박사와 인공 지능 개발회사의 대표들, 그리고 인공 지능, 로봇 공학 연구가들은 '미래 인공 지능 연구의 23가지 원칙'을 발표했어. 여기에는 인간에게 이로운 인공 지능을 만들어야 한다는 것과 치명적인 인공 지능 무기를 만들기 위해 경쟁하지 말아야 한다는 것 그리고 인간보다 뛰어난 지능을 가진 '초지능'은 모든 인류의 이익을 위해서만 개발돼야 한다는 내용이 들어 있어.

또 2019년 5월, 경제협력개발기구(OECD)는 'OECD 인공 지능 이사회 권고안'을 채택했어. 인공 지능이 추구해야 할 것과 인공 지능의 위험성에 대비해 안전 장치를 마련해야 한다는 내용들이 담겨 있지.

이렇게 인공 지능 개발에 원칙을 세우고 그 원칙을 지키기 위해 모두가 노력한다면, 인공 지능이 우리에게 해를 입히는 끔찍한 미래를 피할 수 있을 거야.

아름이의 꿈

 치현이가 어떻게 된 거냐고 묻자 유 박사가 자초지종을 설명했다. 모두 듣고 난 아름이 엄마가 말했다.
 "어떻게 그렇게 나쁜 짓을!"
 그리고 아름이에게 단단히 주의를 줬다.
 "친구를 도와준 건 참 잘했지만, 그래도 너 혼자 이렇게 나서는 건 정말 위험한 일이야. 아빠가 그때 상황을 전해 주지 않았으면 어떡할 뻔했니."
 그러자 유 박사가 눈이 동그래졌다.
 "아빠가 함께 계셨어?"

아름이 엄마가 웃으며 말했다.

"네, 아니, 진짜 아빠는 아니고요. 호호호."

치현이가 의아한 표정으로 물었다.

"진짜 아빠가 아니라고요? 그럼……?"

아름이가 대답했다.

"아빠는 아이 돌보미 인공 지능 프로그램이야. 진짜 우리 아빠가 만든."

아름이는 '아빠'와 함께 어떻게 치현이를 구했는지 자세히 설명했다. 또 엄마가 어떻게 아름이와 치현이를 구하러 올 수 있었는지도 이야기했다. 치현이가 놀라며 말했다.

"우아, 그런 멋진 프로그램이 있다니!"

솔직히 아빠가 도와주지 않았으면 아름이는 아무것도 못했을 것이다. 또 아름이를 구해준 것도 아빠다. 아름이는 아빠가 고맙고 자랑스러웠다.

가만히 듣고 있던 유 박사가 조심스레 물었다.

"아, 네 이름이 한아름이지? 그럼 혹시 한지성 박사님이 아버지 맞니?"

"네, 맞아요! 저희 아빠를 아세요?"

"당연하지. 우리나라에서 손꼽히는 인공 지능 공학자셨는데."

아름이는 어깨가 으쓱해졌다. 사실 치현이가 자기 아빠를 자랑할 때마다 풀이 죽었다. 돌아가신 아빠가 생각났기 때문이다. 그런데 그 유명하다는 유명인 박사가 아빠를 알다니. 아름이는 잘 몰랐지만 한 박사는 인공 지능 분야의 아주 유능한 공학자였다.

"그 '아빠'라는 프로그램, 보여 줄 수 있어?"

치현이의 물음에 아름이가 번쩍 생각나 소리쳤다.

"맞다, 아빠! 아빠를 지하실에 두고 왔어요."

아름이와 엄마 그리고 치현이와 유 박사는 아빠를 찾기 위해 사기군의 집으로 갔다. 지하실에 내려가니 불이 환하게 켜져 있고, 경찰들이 현장 조사를 하고 있었다. 아름이는 창고로 들어가며 아빠를 불렀다.

"아빠!"

"여기 있어, 아름아!"

아빠가 대답하자, 치현이가 눈이 동그래져 말했다.

"진짜 아빠처럼 대답을 하네. 신기하다."

아빠는 아까 아름이가 숨겨 둔 선반 위에 그대로 있었다. 3D로 그려진 아빠의 얼굴을 보고 치현이가 말했다.

"얼굴도 있네."

"우리 아빠 얼굴을 그대로 그린 거야. 목소리도 우리 아빠 목소리고."

아름이가 아빠에게 인사했다.

"아빠, 고마워. 아빠 덕분에 살았어. 치현이도 구하고."

아빠가 말했다.

"천만에. 너를 지키는 것이 나의 임무야."

유 박사가 감탄했다.

"대단한 프로그램이네요. 한 박사님의 실력은 잘 알고 있었지만, 이렇게 멋진 프로그램까지 만드셨을 줄이야."

엄마가 슬픈 표정으로 말했다.

"연구밖에 몰랐으니까요. 그런데 완성을 못하고 가서 너무 마음 아파요."

유 박사가 고개를 끄덕이며 말했다.

"네……, 너무 안타까운 일이었어요. 살아 계셨으면 세계 최고의 인공 지능 프로그램을 개발하셨겠지요."

그 말을 듣자, 아름이는 진짜 아빠가 보고 싶어졌다. 하지만 이젠 괜찮다. 아빠가 남기고 간 '아빠'가 있으니까. 언제나 아름이를 걱정하고 돌봐 주는 '아빠'가 있으니까.

"그 프로그램을 더 자세히 알고 싶은데 우리 로봇 연구소에 와

줄래?"

유명한 로봇 공학자인 유 박사가 '아빠'에 대해 알고 싶다는데 거절할 이유가 없었다.

아름이가 처음 신고했을 때 출동했던 경찰이 다가왔다.

"집 안에서는 지하실로 내려오는 계단이 책장으로 막혀 있어서 몰랐어. 뒷마당까지 샅샅이 뒤졌어야 했는데, 미안하구나."

그리고 아름이 덕분에 큰 피해 없이 사건을 해결할 수 있었다며 아름이의 용기와 지혜를 칭찬했다. 그렇게 치현이 납치 사건은 잘 마무리되었다.

주말에 아름이는 유 박사의 로봇 연구소로 갔다.

"어서 와, 아름아!"

치현이도 와 있었다. 그동안 서먹서먹했던 사이가 이번 일로 많이 가까워진 느낌이었다. 아름이도 반갑게 인사했다.

"초대해 줘서 고마워."

유 박사는 자신이 연구하고 있는 여러 종류의 로봇을 보여 주었다. 연구실은 이런저런 로봇들로 가득했다.

"사람처럼 움직일 수 있는 로봇을 개발하려면 뭐가 필요할까?"

"음……, 뼈랑 비슷한 재료?"

치현이가 말끝을 흐리며 대답했다.

"맞아, 사람의 뼈와 근육, 신경이나 피부 같은 성질을 가진 신소재가 필요하지. 또 사람 동작을 연구해서 기계 장치로 만들어야 하고."

그런 신소재가 있다니, 아름이는 신기해 하며 열심히 설명을 들었다.

"하지만 기계는 스스로 움직일 수 없어. 그래서 사람처럼 생각하고 움직이는 로봇을 만들려면 사람 두뇌와 같은 프로그램이 필요해. 그게 바로 인공 지능 프로그램이지."

아름이가 물었다.

"그럼 '아빠'와 같은 프로그램을 이용하면 로봇을 진짜 사람처럼 만들 수 있어요?"

"가능성이 있어. 아빠는 아주 훌륭한 프로그램이야. 조금만 더 발전시키면 진짜 사람까지는 아니어도 비슷한 수준의 인공 지능 프로그램을 만들 수 있을 거야. 그렇게만 된다면 세계 최고의 인공 지능 로봇이 탄생하겠지."

아름이는 아빠가 그렇게 대단한 프로그램인지 미처 몰랐다. 그저 맨날 잔소리만 늘어놓는 쓸모없는 프로그램이라고 생각했다.

"하지만 아빠는 아직 사람의 마음을 이해하는 능력이 없어요.

우리 아빠가 그렇게 만들려고 했는데 성공을 못했대요."

치현이가 끼어들었다.

"그럼 네가 만들면 되잖아. 너희 아빠처럼 인공 지능 공학자가 돼서 사람의 마음까지 이해할 수 있는 프로그램을 만들어 봐."

갑작스런 말에 아름이가 놀라 되물었다.

"인공 지능 공학자? 내가?"

"그래! 나는 로봇을 만들고, 너는 프로그램을 만들고. 둘이 힘을 합쳐서 최고의 인공 지능 로봇을 만드는 거야!"

유 박사가 맞장구를 쳤다.

"아주 멋진 생각인걸!"

인공 지능 공학자. 아름이가 한 번도 생각해 보지 않은 꿈이었다.

아름이는 집에 돌아와 아빠에게 물었다.

"아빠, 내가 인공 지능 공학자가 될 수 있을까?"

아빠가 대답했다.

"그럼. 넌 할 수 있어. 아빠 딸이니까."

진짜 아빠가 대답하는 것 같았다.

"아빠, 고마워. 그리고 사랑해."

이 말을 하는 건 처음이었다. 그러자 아빠가 말했다.

"나도 사랑해. 아빠가 아름이에게 보내는 편지야."

"편지? 무슨 편지?"

아름이가 고개를 갸웃하자 아빠는 동영상 하나를 재생시켰다.

"아름아, 아빠야!"

진짜 아빠였다. 병원에 누워 있을 때 찍은 영상이었다.

"아빠!"

아름이는 눈물을 왈칵 쏟아졌다.

"아름아, 아빠가 오래오래 함께 있어 주고 싶었는데 좀 힘들 것 같아, 미안해."

아빠가 아름이에게 남기는 마지막 편지였다.

"하지만 아빠가 아름이 많이 사랑하는 거 알지? 아름이 때문에 아빠는 참 행복했어. '아빠'는 아름이를 생각하면서 만든 프로그램이야. 그러니까 아빠가 없어도 너무 슬퍼하지 말고 '아빠'랑 씩씩하고 즐겁게 지내. 알았지? 사랑해."

아름이는 눈물이 주르륵 흘렀다. 아빠가 돌아가시기 전에 있는 힘을 다해 남긴 영상 편지. 아름이가 '사랑해.'라고 말하면 재생되도록 설정되어 있었던 것이었다.

"아빠, 아빠! 흑흑흑."

아름이가 아빠를 부르며 소리 내어 울자 엄마가 깜짝 놀라 뛰어 들어왔다.

"왜 그래? 무슨 일이야?"

"아빠가 나한테 마지막 편지를 남겼어."

"편지? 무슨 편지?"

아름이가 다시 '아빠, 사랑해.'라고 말하자, 다시 아빠의 마지막 편지가 재생됐다. 엄마도 조용히 눈물을 흘렸다.

아름이는 잔소리쟁이 '아빠'만을 남겨둔 채 훌쩍 떠나 버린 아빠를 원망했었다. 아빠가 어떤 마음으로 '아빠'를 만들었는지 알면서도 '아빠'를 소중하게 생각하지 않았다. 귀찮고 짜증나는 프로그램이라고만 생각하고, 없었으면 좋겠다고 투정도 많이 부렸다.

이제라도 '아빠'가 얼마나 소중한 프로그램인지 알게 되었으니 참 다행이다. 아름이는 치현이 말대로 '아빠'를 더 훌륭한 프로그램으로 만들고 싶다는 생각이 들었다.

'아빠, 나도 아빠처럼 인공 지능 공학자가 될게요. 그래서 아빠가 못 다 이룬 꿈, 제가 꼭 이룰게요.'

아름이는 눈물을 닦으며 마음속 깊이 다짐했다.

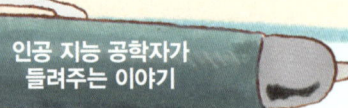

인공 지능 공학자가 들려주는 이야기

인공 지능 공학자가 되려면

2016년, 이세돌 9단과 알파고의 바둑 대결이 알파고의 승리로 끝나면서 인공 지능의 인기가 아주 높아졌어. 우리나라에서도 알파고와 같은 인공 지능 프로그램을 만드는 인공 지능 공학자가 되고 싶다는 친구들이 많아졌지. 인공 지능 공학자는 실제로 어떤 일을 하는지, 어떻게 하면 인공 지능 공학자가 될 수 있을지 알아볼까?

인공 지능 공학자가 하는 일

인공 지능은 컴퓨터가 인간처럼 생각하고 학습하고 판단하여 스스로 행동하도록 만드는 프로그램이야. 컴퓨터나 로봇뿐 아니라, 세탁기, 냉장고와 같은 전자 제품, 그리고 자동차나 비행기와 같은 이동 수단, 공장이나 병원까지, 인공 지능 프로그램을 쓰지 않는 데가 거의 없을 정도지. 또 앞으로는 더 많은 분야에서 인공 지능 기술이 필요할 거야.

인공 지능 공학자들은 각각의 기기에 알맞은 인공 지능 프로그램을 만드는 일을 해. 인공 지능 에어컨을 만든다고 생각해 볼까? 인공 지능 에어컨은 사람의 말을 알아듣고, 스스로 기온과 습도를 재서 작동하고, 사람이 있는 곳에만 시원한 바람을 보내 주기도 하지. 그러려면 먼저 음성 인식 프로그램을 만들어야 하고, 센서를 이용해 기

온과 습도를 재는 프로그램, 그것을 이용해 적절한 온도와 습도가 되도록 에어컨을 껐다 켤 수 있는 프로그램, 또 카메라를 이용해 사람이 있는 곳을 알아내고 바람의 방향을 조절하는 프로그램 등 수많은 프로그램이 필요해. 인공 지능 공학자는 이러한 모든 프로그램을 만드는 일을 하지.

또 만약 인공 지능 로봇을 만든다고 생각해 봐. 음성 인식 프로그램은 당연히 필요할 테고, 수많은 데이터를 검색하고 질문에 대한 적절한 답을 찾는 프로그램, 사람의 얼굴을 구별할 수 있는 얼굴 인식 프로그램, 눈을 깜박이고, 손과 발을 움직이는 등 사람처럼 움직이게 하는 프로그램, 사람의 마음을 이해할 수 있는 감정 인식 프로그램 등 정말 셀 수도 없이 많은 프로그램이 필요할 거야. 그러니 혼자서는 이 모든 프로그램을 만들 수 없어. 그래서 인공 지능 공학자들은 여러 명이 팀을 이루어 일을 하는 경우가 많아. 보통 연구소나 대학, 인공 지능을 이용한 제품을 만드는 회사 등에서 일을 하며 프로그램을 개발하지.

인공 지능 공학자가 되는 길

프로그램을 만드는 일을 프로그래밍이라고 하는데, 컴퓨터와 같은 정보 기기들은 사람의 말을 알아들을 수 없어. 그래서 컴퓨터가 알아들을 수 있는 언어로 명령을 내려야 되는데, 그것을 프로그래밍 언어라고 하지.

그러니까 인공 지능 프로그램을 만들려면 프로그래밍 언어를 배워야 해. 우리가 학교에서 배우는 엔트리나 스크래치와 같은 블록형 프로그래밍 언어는 쉽고 재미있지만, 그것만으로는 인공 지능 프로그램을 만들기 힘들어. 그래서 훨씬 더 복잡하고 어려운 프로그래밍 언어를 알아야 하지.

하지만 처음에는 쉽고 재미있는 언어로 간단한 프로그램부터 만들어 보는 게 좋아. 컴퓨터가 어떤 문제를 해결하도록 하려면 어떤 순서에 따라 명령을 내려야 하고, 그것을 어떻게 프로그래밍 언어로 바꿔야 할지 공부할 수 있거든. 인공 지능 공학자가 되려면 컴퓨터나 소프트웨어 관련 학과에서 공부를 하는 게 좋아. 그러려면 수학과 과학 공부를 탄탄히 해야 하지. 그리고 기본적으로 컴퓨터를 잘 다뤄야 해.

또 인공 지능 공학자는 이제까지 없었던 새로운 것을 만들어 내는 사람이기 때문에 무엇보다 창의적인 생각을 하는 게 중요해. 멋진 그림을 그리는 인공 지능 화가를 만들 수도 있고, 사람보다 노래를 더 잘하는 인공 지능 가수를 만들 수도 있지. 또 아름이의 '아빠'처럼 아이의 친구가 되어 주는 아이 돌보미 프로그램을 만들 수도 있고.

어떤 인공 지능 프로그램이 필요할지 생각해 봐. 그리고 인공 지능 공학자가 되어 훌륭한 프로그램을 만드는 꿈을 꾸는 거지. 아름이와 함께 사람의 마음까지 이해하는 인공 지능 프로그램을 만드는 건 어때? 정말 멋지겠지?

인공 지능, 내 친구를 구해 줘

1판 1쇄 발행 | 2020. 4. 21.
1판 4쇄 발행 | 2024. 3. 1.

고희정 글 | 국민지 그림 | 백은옥 멘토

발행처 김영사
발행인 박강휘
등록번호 제 406-2003-036호
등록일자 1979. 5. 17.
주　소 경기도 파주시 문발로 197(우-10881)
전　화 마케팅부 031-955-3100 편집부 031-955-3113~20
팩　스 031-955-3111

ⓒ 2020 고희정, 국민지
이 책의 저작권은 저자에게 있습니다. 저자와 출판사의 허락 없이 내용의 일부를 인용하거나
발췌하는 것을 금합니다.

값은 표지에 있습니다.
ISBN 978-89-349-9229-5 74500
ISBN 978-89-349-6150-5(세트)

좋은 독자가 좋은 책을 만듭니다. 김영사는 독자 여러분의 의견에 항상 귀 기울이고 있습니다.
전자우편 book@gimmyoung.com | 홈페이지 www.gimmyoungjr.com

이 시리즈는 산업통상자원부의 지원을 받아 NAEK 한국공학한림원과 주니어김영사가 발간합니다.

이 도서의 국립중앙도서관 출판시도서목록(CIP)은 서지정보유통지원시스템 홈페이지(http://seoji.nl.go.kr)와
국가자료공동목록시스템(http://www.nl.go.kr/kolisnet)에서 이용하실 수 있습니다.
(CIP제어번호 : CIP2020010854)

어린이제품 안전특별법에 의한 표시사항

제품명 도서 제조년월일 2024년 3월 1일 제조사명 김영사 주소 10881 경기도 파주시 문발로 197
전화번호 031-955-3100 제조국명 대한민국 ⚠주의 책 모서리에 찍히거나 책장에 베이지 않게 조심하세요.